信息检索理论方法及问题分析

王　彪　高光来　编著

電子工業出版社
Publishing House of Electronics Industry
北京・BEIJING

内 容 简 介

本书围绕信息检索的基本内容，结合当前的研究进展和取得的成果，就信息检索领域的研究内容、理论方法及存在的问题进行阐述和分析，主要包括信息检索的基本内容、信息需求表达、检索模型、文档索引及检索性能评价等方面。

本书适合于对信息检索学习和研究感兴趣的读者阅读参考。

图书在版编目（CIP）数据

信息检索理论方法及问题分析/王彪，高光来编著. —北京：电子工业出版社，2015.11
ISBN 978-7-121-27437-4

Ⅰ. ①信…　Ⅱ. ①王…　②高…　Ⅲ. ①情报检索－研究　Ⅳ. ①G252.7

中国版本图书馆 CIP 数据核字（2015）第 249428 号

策划编辑：赵　娜
责任编辑：张　慧
印　　刷：**北京季蜂印刷有限公司**
装　　订：**北京季蜂印刷有限公司**
出版发行：电子工业出版社
　　　　　北京市海淀区万寿路 173 信箱　邮编　100036
开　　本：720×1 000　1/16 印张：10.25　字数：113.22 千字
版　　次：2015 年 11 月第 1 版
印　　次：2015 年 11 月第 1 次印刷
定　　价：36.00 元

凡所购买电子工业出版社图书有缺损问题，请向购买书店调换。若书店售缺，请与本社发行部联系，联系及邮购电话：（010）88254888。

质量投诉请发邮件至 zlts@phei.com.cn，盗版侵权举报请发邮件至 dbqq@phei.com.cn。
服务热线：（010）88258888。

前　言

随着信息时代的不断深入发展，人类对信息有了新的要求，不仅在信息种类和数量上要求越来越多，而且在信息质量上要求越来越高。人类在对衣食住行等基本需求的追求过程中常常伴随着相应的信息需求。在对物质需求逐步满足的基础上，人类对信息的需求往往超过了对其他物质的需求。同样，人类自身的发展越来越依赖于对信息的获取和掌握程度。

信息时代的特点是谁能以最短的时间获取最新的、最有价值的信息，谁就能在激烈的竞争中处于有利地位。而现实情况是，随着信息技术、大数据的不断发展，一方面是日积月累的海量信息，而另一方面是信息获取的困难。

在这种情况下，信息检索理论和技术变得越来越重要了。在大数据时代，信息检索理论与技术面临着新的机遇和挑战。

本书是作者在对信息检索相关理论和应用学习及研究分析的基础上，将一些结果和应用加以汇总、总结和整理而成的。

全书共 7 章，主要内容如下。

第 1 章，信息检索及其主要研究内容。该章主要介绍信息检索的基本概念、主要研究内容，并对信息检索的研究现状和发展趋势，以及大数据背景下的信息检索进行分析。

第 2 章，信息检索的需求表达。该章介绍需求表达的含义，分析需求表达的难点及建立信息需求域的方法。

第 3 章，信息检索的检索模型。该章主要介绍已有的检索模型、查询扩展及相关反馈的发展情况，讨论需求域基础上的信息检索。

第 4 章，文档索引的建立。该章介绍倒排索引的基本思路和方法。

第 5 章，信息检索系统的评价方法。该章介绍几种常用的评价模型，包括正确率、召回率、F 值指标和平均正确率均值等。

第 6 章，伪相关文档反馈需求域模型信息检索。该章讨论并分析伪相关文档反馈机制下的需求域模型信息检索，分析伪相关文档反馈机制下需求域的特点，介绍相关模型，设计实验，对实验结果进行分析，并评价模型的性能。

第 7 章，用户相关文档反馈需求域模型信息检索。该章介绍并分析用户相关文档反馈机制下的需求域及其检索模型，设计实验，并进行模型训练和实验分析。

需要说明的是，信息检索理论方法极其博深，且在不断丰富发展，本书仅是一些初探。

鉴于作者对该领域的浅薄认识及自身知识的局限性，错误和不当之处在所难免，敬请广大同仁不吝批评、指正。

编著者

2015 年 10 月

目　录

第 1 章

信息检索及其主要研究内容

1.1　信息检索

1.1.1　信息检索的基本概念

信息检索的含义及内容非常广泛。例如，图书馆管理员帮助读者从图书馆的书架上找到一本书，这就是一种信息检索，是人工形式的信息检索；计算机从银行数据库中找到某个客户账户的信息，这也是一种信息检索，是机器形式的信息检索。现在人们所研究的信息检索（Information Retrieval, IR）主要是指利用计算机，根据用户提出的查询请求（query），从存储在计算机中的大规模非结构化数据集中，如文本文档集（Collection D），查找到用户所需要的信息资料（若干个文档），并自动将查找结果（Result）反馈给用户的过程。

1.1.2　信息检索的研究内容

信息检索主要完成三个方面的任务：信息需求的表达方法、信息存储方法和检索方法。相应地，信息检索研究主要有三个方面：查询表达、信息表达和检索理论与方法。其中，检索主要指检索模型（Retrieval Model）。信息检索的基本过程如图 1.1 所示。

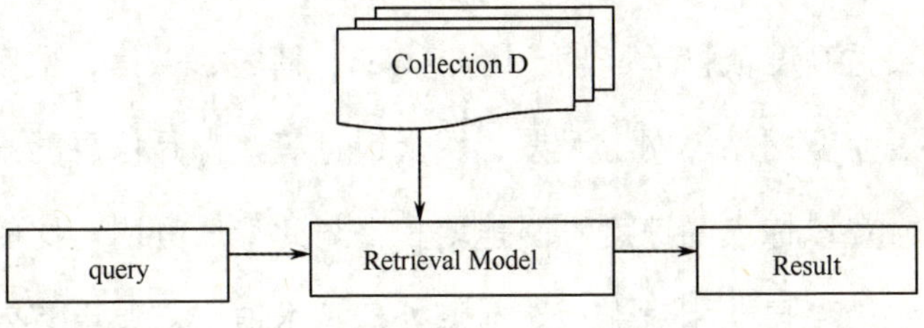

图 1.1　信息检索的基本过程

按照检索的不同内容，信息检索分为文本检索、图形图像检索、声音检索、视频检索等。它们的检索理论与方法既有相同之处又有区别之处。

随着信息检索的不断发展和应用，检索结果的呈现也显得越来越重要。通常，用户希望将检索到的内容以可视化、直观化、美观化的形式展现出来。因此，检索结果的呈现也日益成为信息检索的研究内容之一。

1.1.3 研究现状和发展趋势

需求推动研究、创新和发展。可以说，自从人类有了信息开始，就有了信息检索的需求。至今，信息检索经历了人工检索、机械检索、计算机检索三个发展阶段。

计算机信息检索始于 20 世纪 40 年代[1-2]。1950 年，信息检索先驱，美国人 Calvin N. Mooers 首次提出了信息检索的概念[3]。1959 年，Calvin N. Mooers 提出了穆尔斯定律[4]：当拥有信息比不拥有信息会让用户付出更大的努力或给用户造成更大的麻烦时，用户会倾向于不使用信息检索系统。该定律既表达了计算机信息检索系统效率的重要性，也从侧面反映了机器信息检索系统实现的难度。

当今，人类社会已经发展并进入到信息化、网络化阶段。人类的生产、生活日益高度依赖于信息。诸如 Web、博客、微信、数字图书馆、电子商务、企业网站、网上股票、网上银行等，都是信息的来源。信息的种类和数量以惊人的速度不断地增长，与此形成鲜明对比的是信息获取的手段和效率日益相对滞后。信息处理技术迫切需要更有效的理论和方法来处理如此海量的信息，特别是如何从如此海量的信息中获取用户所需的信息。随着人类社会的日益进步，信息获取已经关系到人类生产、生活、学习等质量的提高。

顺应这样的需求，信息检索成为当前信息处理研究领域中的研究热点，布尔模型、向量空间模型、概率模型、统计语言模型、基于机器学习的检索模型等模型被先后提出并取得了一定的应用效果。百度、Google 等一些成功案例已经出现。但是，总的来讲，当前已有的信息检索理论与方法远未满足人们的需要。因此，信息检索是当前以及未来一定时期内信息处理研究领域中的研究热点，各种新的检索理论方法将不断涌现。

1.1.4　结构化、半结构化和非结构化信息

结构化信息指的是这类信息的各个组成部分的语义都是明确的，各个组成部分之间的关系也是明确的。结构化信息处理的主要方法是使用数据库技术，结构化信息的检索理论与方法主要也是基于数据库的。基于数据库的结构化信息检索理论与技术相对已经成熟，主要是 SQL 技术。参考文献[5]从数据库的角度出发介绍了结构化文本检索。参考文献[6]详述了 SQL 技术。

半结构化信息指的是这类信息的一部分组成内容的语义是明确的，而另一部分组成内容的语义是不明确的。半结构化信息的典型代表是 HTML 网页。较早的半结构化信息检索见参考文献[7]。XML 是半结构化信息检索的基础，参考文献[8]、[9]是关于 XML 的综述。向量空间的

XML 检索见参考文献[10]、[11]，语言模型见参考文献[12]～[14]。参考文献[15]介绍了基于概率权重的计算机制。

非结构化信息指的是这类信息的内容在结构上一般没有进行语义上的划分，没有清楚的语义结构。非结构化信息分为图形图像信息、语音信息及文本信息等类型。

随着网络技术的不断发展，网络用户越来越多，网络应用越来越广泛，特别是 Internet 和 Intranet 技术，使得非结构化信息占全部信息的比例越来越大，绝对数量也日益增加，对于非结构化信息检索的需求越来越迫切。同时，非结构化信息检索也是当前整个信息检索研究中的难点和热点。

1.2 大数据背景下的信息检索

必须注意的是，随着大数据时代的到来，信息检索面临着新的挑战和机遇见参考文献[16]～[23]。大数据下的信息检索不仅只是从数据集中找到与用户需求相关的信息资料，更重要的是要找到经过分析和加工整理后的信息。例如，一位初学信息检索的用户想查找信息检索的概念的相关资料，基于不同的检索环境将出现不同的检索结果，如下所示。

百度检索：

查询请求：信息检索的概念。检索结果：13800000 个。

查询请求：什么是信息检索。检索结果：58900000 个。

Google 检索：

查询请求: concept of Information Retrieval。检索结果：12900000 个。

查询请求: what is Information Retrieval。检索结果：14700000 个。

百度学术：

查询请求:信息检索的概念。检索结果：40700 个。

查询请求: 什么是信息检索。检索结果：343000 个。

Google 学术。

查询请求: concept of Information Retrieval。检索结果：3430000 个。

查询请求: what is Information Retrieval。检索结果：3070000 个。

上述检索结果往往出乎用户意料：（1）不需要如此多的资料；（2）在如此多的资料中，哪些是所需要的资料。

面对大数据，信息检索面临的机遇和挑战：（1）能否找出有价值的若干资料；（2）能否经过分析整理后仅生成一份关于问题的最终资料。

参 考 文 献

[1] R. Baeza-Yates，B. Ribeiro-Neto. Modern Information Retrieval: The Concepts and Technology behind Search. 2nd ed. Addison Wesley，2011.

[2] Liddy Elizabeth D. Automatic document retrieval. In Encyclopedia of Language and Linguistics. 2nd ed. Elsevier，2005.

[3] Mooers Calvin E. Coding，information retrieval and the rapid selector. American Documentation，1950，1（4）:225-229.

[4] Sanderson M，Croft，W B. The history of information retrieval research. Proceedings of the IEEE，2012，100（13）: 1444-1451.

[5] Gerhard Weikum，Gjergji Kasneci，Maya Ramanath，et al. Database and information retrieval methods for knowledge discovery. Communications of the ACM - A Direct Path to Dependable Software，2009，52（4）:56-64.

[6] Hector Garcia-Molina，Jeffrey D. Ullman，Jennifer Widom. Database Systems: The Complete Book. New Jersey: Prentice Hall Press Upper Saddle River，2008.

[7] Chiaramella Y，Mulhem P，Fourel F. Model for multimedia information retrieval. Technical report，FERMI ESPRIT BRA 8134，University of Glasgow，Jul.1996.

[8] Fuhr Norbert，Kai Großjohann. XIRQL: An XML query language based on information retrieval concepts（TOIS），2004，22（2）:313-356.

[9] Lalmas M. XML retrieval（Synthesis Lectures on Information Concepts，Retrieval，and Services），2009，1（1）:1-111.

[10] Mass Yosi，Matan Mandelbrod，Einat Amitay，et al. Juru XML – An XML retrieval system at INEX，2002（02）: 73-80.

[11] Jianwu Yang，Songlin Wang. Extended VSM for XML Document Classification Using Frequent Subtrees. Focused Retrieval and Evaluation Lecture Notes in Computer Science，2010，6203（2010）:441-448.

[12] Rongmei Li，Theo van der Weide. Language Models for XML Element Retrieval. Focused Retrieval and Evaluation Lecture Notes in Computer Science，2010，6203（2010）:95-102.

[13] List Johan，Vojkan Mihajlovic，Georgina Ramírez，et al. TIJAH: Embracing IR methods in XML databases. IR，2005，8（4）: 547-570.

[14] Ogilvie Paul，Jamie Callan. Parameter estimation for a simple hierarchical generative model for XML retrieval. Proceedings of INEX，2005: 211-224.

[15] Fatma Zohra Bessai–Mechmache，Zaia Alimazighi. Possibilistic model for aggregated search in XML documents. International Journal of Intelligent Information and Database Systems，2012，6（4）: 381-404.

[16] 李国杰，程学旗. 大数据研究: 未来科技及经济社会发展的重大战略领域——大数据的研究现状与科学思考. 中国科学院院刊，2012，27（6）: 647-657.

[17] 康海燕. 面向大数据的个性化检索中用户匿名化方法. 西安电子科技大学学报（自然

科学版），2014（41）：169-175.

[18] 李宏言，范利春，高鹏，等. 大数据语音语料库的社会标注技术研究与实现//第十二届全国人机语音通讯学术会议 （NCMMSC'2013） 论文集. 2013.

[19] 王晓艳，李慧颖. 大数据环境下信息检索的变革. 科技情报开发与经济，2015（4）：117-119.

[20] 孟小峰，慈祥. 大数据管理：概念，技术与挑战. 计算机研究与发展，2013，50（1）：146-169.

[21] Manyika J，Chui M，Brown B，et al. Big data: The next frontier for innovation，competition，and productivity，2011.

[22] Lohr S. The age of big data. New York Times，2012（11）.

[23] Gudivada V N，Baeza-Yates R，Raghavan V V. Big Data: Promises and Problems. Computer，2015（3）: 20-23.

第2章

信息检索的需求表达

2.1 需求表达

2.2 需求表达的主要理论方法

2.3 需求表达存在的主要问题分析

2.4 信息需求域

2.5 小结与讨论

2.1　需求表达

当用户有信息需求时，就要进行信息检索。信息检索的总体过程包括如下四步。第一步，用户在脑海里设想某种信息需求，这是心理层次上的一种想法和描述。第二步，经过思考，用户将这种需求用自然语言的形式加以表达，这是自然语言层次上的描述，这种描述实际上是查询请求，是向信息检索系统（人工的系统或机器的系统）提出的查询请求。第三步，将查询请求提供给检索系统，由检索系统在文档集中进行检索。第四步，检索系统将检索结果反馈给用户。因此，对信息检索系统而言，用户提供给检索系统的内容是用户的查询请求。

2.2　需求表达的主要理论方法

需求表达即用户根据自己的需要所提出的对所需信息的要求。无论是针对人或者机器，需求表达均可使用自然语言，既可通过口头表达的形式，也可通过书面表达的形式。就用户而言，有的需求容易用语言表达，而有的需求则很难用言语表述。

相对于对衣食住行等物质方面的需求，人们更多的是对信息的需求。例如，对经济信息、市场信息和医药信息等的需求，这些是日常的一些基本需求。还有一类需求是人们对自身发展方面的信息需求，包括对新知识的学习，对科学研究的渴望，以及对创新的追求等。

事实上，在人们每天的行为中，很大一部分是获取信息的行为。随着信息时代、大数据时代的到来和迅猛发展，信息需求对数量、种类的要求会越来越多，对质量的要求会越来越高。

需求表达研究的核心问题是：一方面，用户能否准确地用自然语言的形式表达自己的需求；另一方面，信息检索系统能否准确地理解用户的需求。

怎样准确地表达和理解信息需求是用户与信息检索系统都将面临的一大问题，也是信息检索研究的难度和重点之一，见参考文献[1]～[8]。就当前而言，需求表达通常以描述信息需求的属性来表达。这些属性包括所需信息的核心内容、时间范围、所在信息领域、信息来源及种类等。

2.3 需求表达存在的主要问题分析

人工信息检索的优势在于检索人员能够对用户的查询请求进行很好的解读和理解，在理解的基础上进行检索，这种检索采取的方法是语义匹配，因而检索结果好，这是人工检索的优点。人工检索的缺点是费时费力，且在网络环境下也是难以实现的。机器信息检索的优势在于省时省力，难点在于机器难以甚至无法真正理解用户查询请求。遗憾的是，到目前为止，机器尚无法像人类一样“理解人类自然语言”，机器信息检索主要采取的是以关键词为基础的统计计算方法，本质上是基于关键词匹配的全文检索，检索结果不太理想。因此，如何更好地描述信息需求是提高当前机器信息检索系统性能的关键因素之一。

2.4　信息需求域

2.4.1　机器信息检索：用关键词匹配近似语义匹配

机器信息检索的实质是关键词匹配，而人工信息检索则是语义匹配。把这两种检索分别称为关键词级别的检索和语义级别的检索。语义匹配比关键词匹配效果要好。但就目前来讲，人类所发明的机器还不具备真正的语义理解能力，不能实现真正意义上的语义理解，未能达到人类大脑级别的语义理解，所以不能实现真正意义上的语义匹配。因此，目前的信息检索从根本上看，主要是基于关键词匹配的检索，未能实现完全意义上（人类大脑级别上）的语义匹配检索。

因此，就现有的机器状况而言，信息检索的研究出发点是在关键词匹配的基础上，尽可能概括、诠释和表达需求语义，最终用关键词匹配检索来近似语义匹配检索。

2.4.2　文档、句子及词语之间的语义关系

从机器信息检索的角度出发，若要用关键词匹配近似语义匹配，有必要从关键词级别上考察文档、句子及词语之间的语义关系。

一篇文档由若干个句子构成，每个句子由若干个词语构成。从关键

词级别上考察，一篇文档由一组词语构成，文档的语义由该文档所包含的一组词语笼统地表示。由于文档较长，文档包含的词语较多，从机器信息检索的角度出发，这些词语反映了文档的大部分内容。

一个句子也是由若干个词语构成的。但句子往往较短，包含的词语较少，这些少量的词语所代表的语义往往不如整个句子所反映的语义明确，语义更加分散。

例如，用户提出的查询请求句子 q=“请查找一些关于信息检索理论与方法方面的文档”。把该句子分解为关键词后，q=“请，查找，一些，关于，信息，检索，理论，与，方法，方面的，文档”。容易发现，关键词化后的 q 无法从关键词上匹配诸如“布尔逻辑模型”、“向量空间模型”、“概率模型”、“统计语言模型”等词语，而这些内容才是真正的“信息检索理论与方法”。这意味着关键词化后的查询请求在反映用户的真实信息需求时不够全面和准确。

注意到，在关键词级别上，一个句子的语义可以用一篇或多篇文档来诠释说明。例如，文档“文本检索模型综述”（曹冬林等著）[9]、“信息检索排序算法研究综述”（高炜等著）[10]是“关于信息检索理论与方法方面的文档”，这两篇文档是对句子 q=“关于信息检索理论与方法方面的文档”的语义的诠释。

因此，在关键词级别上，一个句子的语义，比如用户的查询请求，可以通过一篇或几篇文档解释。如图 2.1 所示反映了在关键词级别上文档、句子、词语之间的语义关系。

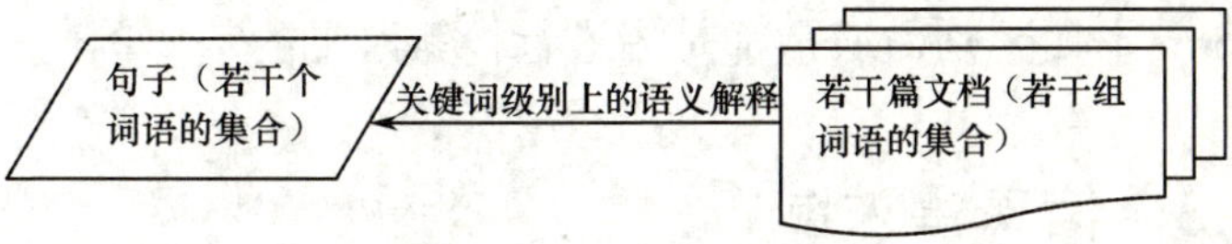

图 2.1　文档、句子及词语之间的语义关系

无论用户以句子的形式还是以关键词的形式提出查询请求，查询请求被关键词化后所得到的一组词语不容易反映用户的真实信息需求。如果直接将查询请求视为信息需求进行关键词级别上的匹配，则不容易得到理想的检索结果。

在关键词级别上，用户查询请求的语义由若干篇相关文档来解释。或者说，用户的真实信息需求可以由若干篇文档来表示，这些文档当然是与用户需求相关的相关文档。

用户信息需求的含义是由相关文档来诠释的。在关键词级别上，若干篇相关文档反映了用户的信息需求。这些相关文档体现了用户的信息查询请求的含义。因此，可以用相关文档来构建信息需求的一组词语，再用这些词语进行关键词匹配级别上的信息检索。这些词语从语义上诠释了用户的信息需求，因而这样构建的信息检索是用关键词匹配意义上的检索去近似语义匹配意义上的检索。

在信息检索中，由于机器分词等原因，导致词语有时不一定是“自然语言中的词”，因而，词语也称为词项，实际上表示的是关键词匹配的基本单位。在查询请求中，词项又被称为关键词。词、词语、词项、关键词和 term 不加区别，通常都是指进行检索匹配的基本单位。

2.4.3 信息需求域

在信息检索中，用户通过查询语句 q 提出信息检索请求。信息检索系统首先将 q 分解为一组关键词，然后用这些关键词作为用户信息需求进行查询。但在实际中，这些关键词往往不容易反映用户的真实信息需求，导致信息检索系统返回的检索结果并不理想。

举例分析如下。

假设文档集 D 包含以下几篇文档，d_1=(张平近年来发表了 5 篇模式识别方面的文章)，d_2=(信息检索常用的模型有布尔模型、向量空间模型、概率模型和语言模型等)，d_3=(信息检索中，语言模型与向量空间模型、概率模型相比较有其自身的特点，本文介绍语言模型及排序学习的基础知识)，d_4=(赵亮已经撰写了 2 篇机器学习方面的文章)，d_5=(向量空间模型以向量夹角余弦值作为相似度，根据文档相似度的大小对文档进行排序)，d_6=(排序学习主要包括有监督学习和无监督学习两种)，d_7=(高强在音乐方面很有天赋)。

假设一位用户欲了解、学习信息检索的理论和方法，该用户提出的查询请求 q=“请查找关于信息检索方面的文章”。将 q 分解为关键词，去掉停用词后，q=(查找，信息检索，方面，文章)。信息检索系统根据 q

进行检索时，上述文档集中的 d_1，d_2，d_3，d_4，d_7 包含有 q 的关键词，将作为相关文档被检索到。但对用户而言，真正的信息需求是文档 d_2 和 d_3，文档 d_1 、d_4 和 d_7 不是用户所需要的。同时，尽管文档 d_5、d_6 是用户需要的文档，但由于它们不包含 q 的关键词而没有被检索到。

从语义上讲，查询请求 q=“请查找关于信息检索方面的文章”涵盖了文档 d_5 和 d_6。但由于现有的信息检索系统无法理解 q 的语义，只是把 q 分解为若干个关键词，从而导致 q 的语义缺失，所以不能很好地反映用户的真实需求。相应地，将 q 视为信息需求并以此进行信息检索，导致检索结果并不理想。

上例说明用户的查询请求所表达的用户信息需求不够全面和准确。查询请求 q=(查找，信息检索，方面，文章)并不能很全面地反映用户的信息需求。

那么，究竟如何才能更好地描述和表达用户的信息需求呢？可以注意到，文档 d_2 和 d_3 是用户真正的信息需求，或者说，文档 d_2 和 d_3 反映了用户的信息需求。

换句话说，文档 d_2 和 d_3 诠释了查询请求 q 所表达的需求语义，文档 d_2 和 d_3 所包含的这组词语反映了用户的需求。

既然文档 d_2 和 d_3 反映了用户的信息需求。不妨从文档 d_2 和 d_3 出发来构建和描述用户的信息需求。为此，把文档 d_2 和 d_3 用图形加以表示（如图 2.2 所示）。

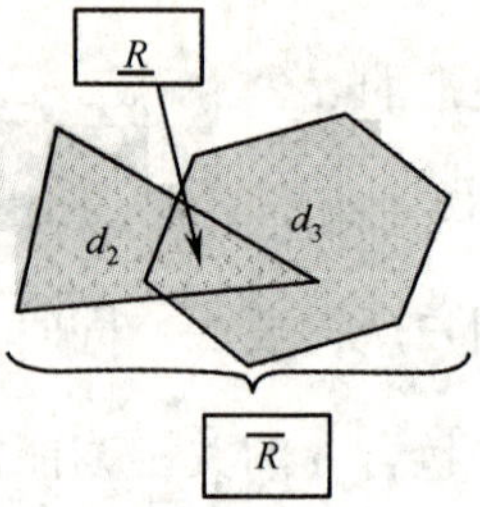

图 2.2　文档 d_2 和 d_3 的交集与并集

在如图 2.2 所示中，用户的信息需求被分为两部分，一部分是文档 d_2 和 d_3 的公共内容，另一部分是非公共部分。这两部分内容所反映出的含义是不同的。

公共部分是两篇文档共同描述、共同关注的内容，体现了用户集中需要的内容[11]，是需求的内涵部分，反映了需求的精确部分，也被称为信息需求的精度。

非公共部分作为整篇文档的组成部分，也是用户的信息需求，反映了信息需求的广泛程度，是需求的外延部分，也被称为信息需求的广度。

因此，文档 d_2 和 d_3 的公共内容（交集）$\underline{R}$ 反映了用户信息需求的集中关注的内容。求交集，可得 $\underline{R} = d_2 \cap d_3$=(信息检索，向量空间模型，概率模型，语言模型)。

文档 d_2 和 d_3 的所有内容（并集）$\underline{R}$ 反映了用户信息需求的外延和广度。求并集，可得 $\underline{R} = d_2 \cup d_3$=(信息检索，常用的，模型，布尔模型，向量空间模型，概率模型，语言模型，相比较，自身的，特点，本文，介绍，排序学习，基础知识)。

若以 $\underline{R}$ 作为查询请求进行信息检索，将得到 d_2、d_3 和 d_5，其中，d_5 是信息需求的精度 $\underline{R}$ 检索的结果。若以 $\underline{R}$ 作为查询请求进行信息检索，将得到 d_2、d_3、d_5 和 d_6，其中，d_6 是信息需求的广度 $\overline{R}$ 检索的结果。以 $\underline{R}$ 和 $\overline{R}$ 作为查询请求进行信息检索，将得到 d_2、d_3、d_5 和 d_6，这是一个理想的检索结果。

把用户的查询请求 q=“请查找关于信息检索方面的文章”，$\underline{R}$=(信息检索，向量空间模型，概率模型，语言模型)，以及 $\overline{R}$=(信息检索，常用的，模型，布尔模型，向量空间模型，概率模型，语言模型，相比较，自身的，特点，本文，介绍，排序学习，基础知识)加以对比就会发现，$\underline{R}$ 和 $\overline{R}$ 比 q 表达的信息需求更为全面和准确。$\underline{R}$ 反映了 q 的中心内容，$\overline{R}$ 反映了 q 的延伸内容，包括用户可能需求的内容，如“排序学习”。

因此，可以用 $\underline{R}$ 和 $\overline{R}$ 来描述信息需求。

把从 $\underline{R}$ 到 $\overline{R}$ 的区域称为信息需求域，$\underline{R}$ 称为需求下界，$\overline{R}$ 称为需求上界。用户的信息需求域形式化地表示为 $I=(\underline{R}, \overline{R})$。如果以 $I=(\underline{R}, \overline{R})$ 进行信息检索，检索结果将返回 d_2、d_3、d_5 和 d_6，其中，d_5 是信息需求的 $\underline{R}$ 检索的结果，d_6 是信息需求的 $\overline{R}$ 检索的结果。可以看到，上述方法表示的信息需求更为全面和准确。

事实上，信息需求是域的观点还有以下几个要求。

第一，用户输入的查询请求语句是包含有丰富语义含义的。也就是说，查询语句是一个语义范畴，往往含有许多“词外之意”，相应的信息需求是一个区域。实际上，已有的信息检索模型返回的结果中也包含了多个用户需要的文档，而不是单个文档，这也进一步说明信息需求是一个区域。

第二，随着时间、环境和心情等的不同，用户的信息需求都有所不同。因此，用户真正的信息需求往往也难以通过查询请求语句准确地反映。

第三，从语言学的角度分析，语言需要通过内涵和外延来表达语言的含义，见参考文献[12]～[15]。用户的查询请求 q 同样有其内涵和外延，信息需求域 $I=(\underline{R}, \overline{R})$ 在一定程度上体现了需求的内涵和外延。

信息需求域 $I=(\underline{R}, \overline{R})$ 既考虑了信息需求的内涵，也兼顾了信息需求的外延，较好地表达了用户的信息需求，因而可以得到较好的查询结果。实际上，$I=(\underline{R}, \overline{R})$ 反映了初始查询语句 q 所包含的内涵和外延，故而是对 q 的深入诠释和表达。

如果从机器对自然语言的“理解”上分析，则是让机器用文档 d_2 和 d_3 的内容去“诠释和理解”查询语句 q，并且还反映了 q 的内涵和外延。

根据以上分析，可从域的角度出发，建立表达用户信息需求的需求域的方法，并建立信息需求域基础上的信息检索模型。

2.4.4 信息需求域的理论推导

在分析并提出了信息需求域的基本概念后，以下给出信息需求域的相关理论分析和形式化定义。这里，首先给出一个较为直观的推导，然后再进一步分析一个粗糙集理论下的推导。

给定非空文档集合 D，其词语（term）集合为 T，R 为定义在 D 上的关系，R 表示相关性，给定用户的某一个查询 q，$P=(D, T, R, q)$ 构成一个空间。

在信息检索中，相关性通常定义为{相关，不相关}，或者{相关，部分相关，不相关}。这里，令 R={相关，不相关}。

显然，R 是 D 上的等价关系，文档集 D 关于等价关系 R 的等价划分为 $D/R=\{D_1,D_2\}$，其中，D_1，D_2 分别为在查询 q 下，对用户而言相关、不相关的文档集合。

P 的一个子空间 $S=(L, V, R, q)$称为 q 的相关子空间。其中，L 为相关文档集 D_1 的子集（$L \subseteq D_1$），V 是 L 的词项集。

相关文档子集 L 中的文档是用户需要的文档。因此，L 包含、反映了用户的真实信息需求。可以通过以下方法从 L 中提取和表示用户的信息需求。

设 $L=(d_1, d_2, \cdots, d_n)$，$d_i \in \mathrm{D}$，$i=1,2,\cdots,n$。$\mathrm{d}_i$ 的词项集为 term_i。

定义 2.1　设相关文档子集 L 中的全部文档的词项的并集为 $\overline{R}(L)$:

$\underline{R}(\mathrm{L})=(x \in V | x \in \cup \mathrm{term}_i, i=1,2,\cdots,n)$, 称为关于 q 的用户信息需求的上界。

定义 2.2　设相关文档子集 L 中的全部文档的交集为 $\underline{R}(L)$:

$\underline{R}(L)=(x \in V | x \in \cap \mathrm{term}_i, i=1,2,\cdots,n)$, 称为关于 q 的用户信息需求的下界。

显然，$\underline{R}(L) \subseteq \overline{R}(L)$。

下界、上界分别表示了信息需求域的下边界、上边界。信息需求域

形式化地表示为 $I=(\underline{R},\ \overline{R})$，其中，$\underline{R}$ 和 $\overline{R}$ 分别表示信息需求域的下边界和上边界。

由于 L 为 D 中关于 q 的全部相关文档的集合 D_1 或 D_1 的子集，所以 L 包含了用户的真实信息需求。L 中全部文档的共同部分（即交集部分）是 L 中各个文档都要描述的内容，代表了用户关注的焦点部分，反映了用户信息需求的内涵和精度。L 中全部文档的所有部分（即并集部分）代表了用户关注的各种信息，反映了用户信息需求的外延和广度。在建模时，需求模型必须同时考虑需求的内涵和外延。信息需求域 $I=(\underline{R},\ \overline{R})$ 兼顾了信息需求的内涵和外延，是一个从内涵到外延的区域，较好地表达了用户的信息需求，因而可以得到较好的检索结果。

2.4.5 信息需求域的子域、近似域

在查询请求 q 下，就用户而言，设 D 中全部相关的文档集为 D_1，在相关子空间 $S=(L, V, R, q)$中，使用相关文档子集 L 建立信息需求域。

定义 2.3 若 $L=D_1$，则称由 L 建立的信息需求域 $I=(\underline{R},\ \overline{R})$为用户需求的全域。

然而在信息检索的应用中，D_1 是很难求得的，也即需求全域很难得到。但是 D_1 的子集相对容易得到。因此，可以用 D_1 的一个子集 L 作为相关文档集，建立子空间 $S=(L, V, R, q, \overline{R}(L), \underline{R}(L))$，从而得到信息需求域 $I=(\underline{R},\ \overline{R})$。

定义 2.4 若 $L\subset D_1$，则称由相关文档子集 L 建立的信息需求域

$I=(\underline{R}, \overline{R})$为用户需求的子域。

因此，首要任务是如何获得相关文档子集 L，从而用它来建立需求域。子集 L 的建立有两种思路和方法。

第一种方法是采用用户相关文档反馈法。用户在初始查询的基础上，从初始查询结果中标注反馈若干个相关文档，将此相关文档反馈集作为 L，建立信息需求域。此方法得到的是用户的真实需求，建立的需求域 $I=(\underline{R}, \overline{R})$是用户信息需求域的子域，因此用该需求子域进行的检索具有很好的检索结果，缺点是需要用户参与。

第二种方法是采用伪相关文档反馈法。系统从初始检索结果中选取前 n 个（top n）文档，将这 n 个文档作为文档子集 L，并用该子集 L 建立需求域。由于这 n 个文档不一定都是与用户相关的文档，故称为伪相关文档。该方法称为伪相关文档反馈法。此方法的优点是自动化，无须用户参与，缺点是由于 L 是伪相关文档反馈的结果，L 中的文档不一定都是用户所需要的文档，因此，所建立的下界、上界中包含有用户不需要的信息，可能偏离用户的真实需求，所得到的信息需求域 $I=(\underline{R}, \overline{R})$是用户信息需求域的近似域。

由于初始查询 q 表达的用户信息需求不够全面和准确，所以从查询扩展的角度考虑，传统的方法是设法得到初始查询 q 的一组扩展词项 e，查询扩展后得到的新的 $q'=q\cup e$。出于同样的考虑，为了弥补初始查询 q 在表达用户信息需求方面的不足，从初始查询 q 出发，得到了 q 的一个扩展域 I，查询扩展后得到的新的 $q'=q\cup I= q\cup(\underline{R}, \overline{R})=(\underline{R}\cup q, \overline{R}\cup q)$。

下面给出关于初始查询 q 的信息需求域的定义。

定义 2.5 称 $\underline{R}(q,L)=(x\in V|\ x\in\cap\text{term}_i,\ i=1,2,\cdots,n)\cup\text{term}_q$ 为关于 q 的信息需求域的下界，称 $\overline{R}(q,L)=(x\in V|\ x\in\cup\text{term}_i,\ i=1,2,\cdots,n)\cup\text{term}_q$ 为关于 q 的信息需求域的上界，称 $I(q,L)=(\underline{R}(q,L),\overline{R}(q,L))$为关于初始查询 q 的信息需求域，简记为 $I=(\underline{R},\ \overline{R})$。其中，$\text{term}_q$ 为查询 q 的词项集，$L=(d_1, d_2, \cdots, d_n)$，$d_i\in D$，$d_i$ 的词项集为 term_i，$i=1,2,\cdots,n$。

传统的方法通常假定用户的信息需求具有一个精确的描述，需求表达模型试图寻求这种对用户信息需求的精确描述，但实际上无法得到这个精确的描述。使用域来描述信息需求可以给信息需求一个界定，框定一个范围，这是一种更为松散的描述。在得到一些反馈文本后，对用户的信息需求进行一个概括性的推测。在这种情况下，定义一种较为松散的描述比追求得到一个精确的描述更为恰当。

2.4.6 查询请求与信息需求的关系

为了进一步理解信息需求域的思想，有必要对查询请求（query）的特点进行深入的分析，并进一步阐明查询请求与信息需求的关系。

普通用户倾向于使用自然语言语句的形式提出查询请求 q，比较专业的用户可能以关键词的形式提出查询请求 q。在关键词匹配级别上，无论是语句形式还是关键词形式的查询请求 q 最终都被视为若干个词语。因此，两种方法没有本质上的区别。当然，大多用户更习惯使用自然语言的形式。

查询请求 query 具有以下特点。

（1）采用自然语言形式的 query 语句一般内容较少，所包含的词语个数多为个位数（9 个以下词语）[16]，很少出现词语个数超过十位数以上的 query。例如，TREC 测试集的编号为 101～150 的一组 50 个查询，其平均长度为 4.78 个；编号为 151～200 的另一组 50 个查询的平均长度为 6.56 个。在信息检索时，由于只有 query 中的关键词（往往是实词）才具有实际检索价值，其他的不具检索价值的词语（多为虚词）往往被舍掉，这些词语在信息检索中被称为停用词。因此，当舍掉 query 中的停用词后，query 所包含的词语会更少。而利用这些少量的关键词语去反映用户的需求往往是不太全面和准确的。

（2）目标文档中往往不包含 query 中词语的直接形式[16]。

例如，query="请查找关于董存瑞的生平。"

文档 d_1="董存瑞（1929—1948），男，汉族，中共党员。1929 年 10 月 15 日出生于察哈尔省南山堡（今河北省怀来县）。童年的董存瑞 7 岁时读过几天书，后因家贫而辍学。抗日战争爆发后，他的家乡成了抗日游击区。他 13 岁时就当上了儿童团团长。

1945 年春，董存瑞参加了当地抗日自卫队，同年 7 月参加了八路军。1946 年 4 月初，在察北重镇独石口遭遇战中，他机智地夺下敌人的一挺机枪而被记大功一次，被部队授予勇敢奖章。

在 1947 年初的长安岭阻击战中，他在班长牺牲、副班长重伤的情况下，挺身而出自任班长，如期完成了阻击任务，又立大功一次。至牺牲前，他共立大功三次、小功四次，荣获三枚勇敢奖章和一枚毛泽东勋章。”

可以注意到，对人类而言，该文档 d_1 是“董存瑞的生平”。但在机器看来，由于该文档 d_1 不直接包含“生平”一词，所以该文档不是“生平”。

对于以关键词为检索依据的系统中，query=“请查找关于董存瑞的生平”的词项集不能够表达用户的需求，而文档 d_1 的词项集诠释了用户的需求。

事实上，query 中用来表述抽象概括意义的概括词语一般不直接包含在目标文本中，这将导致需求理解的不全面。例如，“简历”、“资料”、“信息”等词语。但实际中，用户使用自然语言形式的 query 大多使用概括性的词语来提出查询请求。

根据上述分析，用户使用自然语言形式向信息检索系统提出的查询（query）是信息查询请求，这个查询请求是有其语义含义的。在人工信息检索中，通过人类对 query 的语义理解，进行基于语义匹配的人工信息检索，此时的 query 表达了用户的信息需求。而在机器信息检索中，query 被视为关键词的集合，这在一定程度上窄化了 query 所包含的语义。当进行关键词匹配基础上的机器信息检索时，此时的 query 所代表的用户信息需求显得不太全面和准确。

因此，若要进行机器信息检索，则有必要建立能够使用词语集合表达用户信息需求的模型。信息需求域运用用户需求文档的词项集来构造用户需求域，反映信息需求的语义内涵和外延，符合机器以关键词进行匹配检索的特点。

2.4.7　信息需求域的理论意义

从理论上看，信息需求域建立了用户信息需求的数学模型。信息检索实际上是用户向信息检索系统提出信息查询请求，由检索系统通过一定的方法查询并返回所需信息的过程。在返回结果中，用户认为需要的信息才是用户的信息需求。在此基础上，导出了信息需求，建立了信息需求的数学模型，兼顾了信息需求的内涵和外延，可以更为全面地反映用户的信息需求。

信息需求域具有以下几个特点。

（1）信息需求域的下界既表示了信息需求集中关注的内容，也代表了信息需求的内涵。

（2）信息需求域的上界既表达了信息需求的延伸内容，也代表了信息需求的外延。

（3）在信息需求域基础上的信息检索兼顾了需求的内涵和外延。

2.4.8　信息需求域的一种粗糙集解释

粗糙集（Rough Set）理论是由波兰数学家 Pawlak 在 1982 年提出的理论[17]，与概率论理论、模糊集理论、证据理论一样，都是处理不确定的、模糊的、不精确的和不完备的信息的数学理论[18]。粗糙集理论已经成功地运用在决策分析、工业控制、机器学习和模式识别等领域[19]。

粗糙集理论认为，人类知识的一种表现是人类对各种对象的分类能力，分类是人类认知能力的基础。因此，粗糙集理论从对集合元素的分类开始，力图建立刻画知识的数学模型，从而使知识具有清晰的、明确的数学定义。在此基础上，进一步建立处理知识的数学方法。参考文献[20]、[21]建立了一种将模糊知识引入到粗糙集的方法。

2.4.8.1 粗糙集的基本概念[22]

设 U 是给定的对象论域，X 是 U 的一个子集（$X\subseteq U$），称 U 的子集 X 为 U 中的一个概念或范畴，U 的若干个概念的集合称为 U 的一个抽象知识，简称知识[22]。

关于 U 的一个等价划分 η 定义为：

$\eta=\{X_1, X_2,\cdots, X_n\}$

其中，$X_i\subseteq U$，$X_i\neq\phi$，$X_i\cap X_j=\phi$，$i\neq j$，$i,j=1,2,\cdots, n$，$\bigcup\limits_{i=1}^{n} X_{\mathrm{i}}=U$ 。U 上的一族划分称为关于 U 的一个知识库。

设 R 是 U 上的一个等价关系，即，R 满足对称性、传递性和自反性。U/R 表示 U 的关于 R 的所有等价类，或 U 上的划分构成的集合。对于 U 中的一个元素 x，$x\in U$，用 $[x]_R$ 表示包含元素 x 的 R 等价类。

对于非空有限集 U，设 $\boldsymbol{R}$ 是 U 上的一族等价关系，则 $K=(U,\boldsymbol{R})$ 是一个知识库。

定义 2.6（下近似、上近似） 给定知识库 $K=(U,\boldsymbol{R})$，对 U 的子集 X，$X\neq\Phi$ 且 $X\subseteq U$，以及 U 上的一个等价关系 $R\in\boldsymbol{R}$。称 $\underline{R}X=\cup\{Y\in U/R|Y\subseteq X\}$ 为 X 关于 R 的下近似；称 $\overline{R}X=\cup\{Y\in U/R|\ Y\cap X\neq\Phi\}$ 为 X 关于 R 的上近似[22]。

定义 2.7（粗糙集） 若 $\underline{R}X\neq\overline{R}X$ 则称 X 为 R 粗糙集，否则称 X 为 R

精确集。集合 $bn_R(X)=\bar{R}X-\underline{R}X$ 称为 X 的 R 边界域；$pos_R(X)=\underline{R}X$ 称为 X 的 R 正域；$neg_R(X)=U-\bar{R}X$ 称为 X 的 R 负域[22]。

一个对象 x 是否属于知识集合 X 是根据已知的知识来判断的，判断的结果可以分为三种情况：（1）对象 x 肯定属于子集 X；（2）对象 x 肯定不属于子集 X；（3）对象 x 可能属于也可能不属于子集 X。集合的划分取决于人们所掌握的关于论域的各种知识，是相对的。

若从等价关系 R 出发去确定和判断，则下近似 $\underline{R}X$ 中的元素是肯定属于 X 的 U 中的元素，上近似 $\bar{R}X$ 中的元素是可能属于 X 的 U 中的元素；边界域 $bn_R(X)$ 中的元素则既不能判断为属于 X 的 U 中的元素，也不能判断为属于 $\sim X$（$=U-X$）的 U 中的元素。

集合 X 的不精确性是由边界域 $bn_R(X)$ 导致的，边界域越大，X 的精确性越低。可以引入精度的概念来描述这种不精确性。由等价关系 R 定义的非空集合 X 的近似精度为：$\alpha_R(X)=|\underline{R}X|/|\bar{R}X|$。集合 X 的 R 粗糙度为：$\rho_R(X)=1-\alpha_R(X)$。

信息需求是模糊的、不确定的和不完备的知识，用粗糙集理论可以给出一个合理的定义。

2.4.8.2　信息需求域的粗糙集解释

设文档集为 D，R 表示相关性。显然，R 满足对称性、传递性和自反性，是 D 上的等价关系。设 D 关于 R 的等价划分为 $D/R=\{D_1,D_2\}$，其中，D_1、D_2 分别为在查询 q 下，对用户而言相关、不相关的文档集合。L 为相关文档集 D_1 的子集（$L\subseteq D_1$），$L=(d_1, d_2, \cdots, d_n)$，$d_i\in D$，$i=1,2,\cdots,n$。

设 X 是在查询请求 q 下用户的信息需求知识。根据粗糙集的理论，知识 X 可以用已知的知识 L 来描述和表达。

根据定义 2.6 中的下近似和上近似，有 $\underline{R}(L)=\cup\{d\in L|\ d\subseteq X\}$ 为 X 关于 R 的下近似，$\overline{R}(L)=\cup\{d\in L|\ d\cap X\neq \Phi\}$ 为 X 关于 R 的上近似。

将上述各个文档都视为词语的集合，便得到信息需求 X 的下界、上界。下近似 $\underline{R}(L)=(x\in V|\ x\in\cap \mathrm{term}_i,\ i=1,2,\cdots,n)$ 为下界，上近似 $\overline{R}(L)=(x\in V|\ x\in\cup \mathrm{term}_i,\ i=1,2,\cdots,n)$ 为上界。其中，V 表示 L 的词语集合，term_i 表示文档 $d_i\in L$ 的词语集合。

用图示表示信息需求的粗糙集如图 2.3 所示。图 2.3 中，椭圆部分为用户信息需求 X，其他图形代表 L 中各个不同的文档。L 中的每个文档代表不同的已知知识，使用这些已知知识去刻画和表示信息需求的知识 X。正如图 2.3 中所示，由于下近似和上近似不相等，所以用户的信息需求集合 X 是一个粗糙集。

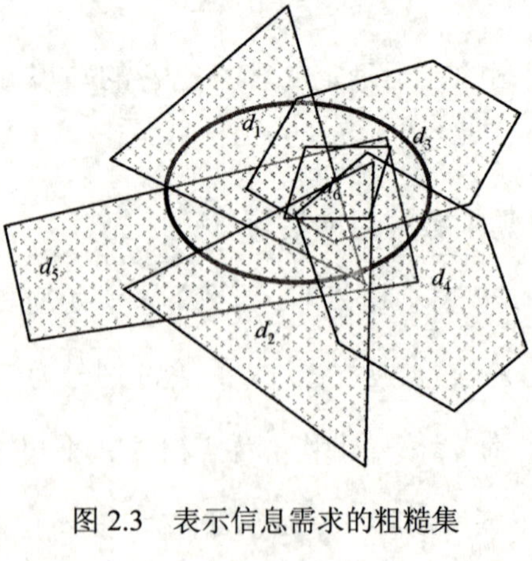

图 2.3　表示信息需求的粗糙集

2.5　小结与讨论

机器信息检索的实质是基于关键词的匹配，而人工信息检索则是语义匹配。因此，就机器现状而言，信息检索的研究出发点应该是在关键词匹配的基础上，尽可能表达语义的含义，最终利用关键词匹配检索来近似语义匹配检索。

以需求语义为出发点，寻求需求语义的概括、诠释方法。信息需求域从信息需求的语义含义出发，找到了一种反映该语义含义的边界，用此边界将信息需求界定为一个区域。信息需求域从表达用户信息需求出发，给出了需求的下界和上界，因而需求域 $I=(\underline{R}，\overline{R})$。需求下界表达了信息需求集中关注的内容，也代表了信息需求的内涵；上界包含了信息需求的延伸内容，也代表了信息需求的外延。

信息需求是一种模糊的、不确定的知识，用粗糙集理论可以给出一个合理的解释和定义。粗糙集以等价关系为基础，建立了描述知识的数学模型，因而很自然地能够很好地描述信息需求知识。

需求表达及其理解的根本解决可能有赖于机器智能的发展，即机器对自然语言的理解能力，这需要包括机器在内的本质突破。

目前，计算机主要通过计算来解决问题，也就是各种计算方法和计算模型。但问题是，是不是所有问题都可以通过计算加以解决？如需求表达和理解问题。需求表达和理解问题是一个计算问题吗？自然语言理解是一个计算问题吗？

参 考 文 献

[1] Wang L，Peng D，Jiang P. Improving the Performance of Precise Query Processing on Large-scale Nested Data with UniHash Index. International Journal of Database Theory and Application，2015，8（1）: 111-128.

[2] 李求实，王秋月，王珊. XML 关键词检索的查询理解. 软件学报，2012，23（8）:2002-2017.

[3] 邹琼. 信息检索中的查询扩展技术综述. 计算机光盘软件与应用，2014，17(8):98-98.

[4] 于莉. 信息检索中查询请求处理技术的比较. 信息系统工程，2010，(9）:17-18.

[5] Goeuriot L，Kelly L，Leveling J. An analysis of query difficulty for information retrieval in the medical domain//Proceedings of the 37th international ACM SIGIR conference on Research & development in information retrieval. ACM，2014: 1007-1010.

[6] Saini B，Singh V，Kumar S. Information Retrieval Models and Searching Methodologies: Survey. Information Retrieval，2014，1（2） : 57-62.

[7] Sloan M，Yang H，Wang J. A term-based methodology for query reformulation understanding. Information Retrieval Journal，2015，18（2）: 145-165.

[8] Li H，Xu J. Foundations and Trends® in Information Retrieval. Foundations and Trends® in Information Retrieval，2014，7（5）: 343-469.

[9] 曹冬林，林达真. 文本检索模型综述，心智与计算，2007，4（1）:426-432.

[10] 高炜，张超，梁立. 信息检索排序算法研究综述，信息技术,2009,（6）:1-4.

[11] 常鹏，冯楠，马辉. 一种基于词共现的文档聚类方法，计算机工程，2012，38（2）:213-214，220.

[12] 王德福.论叶尔姆斯列夫语符学的四个理论模型. 锦州师范学院学报（哲学社会科学版），2003，25（5）:55-59.

[13] 赵元任 著.语言的意义及其获取. 李芸，王强军 译.语言文字应用，2001,（4）:59-69.

[14] Allan Keith. Linguistic Meaning. London: Routledge & Kegan Paul，1986.

[15] Lyons J. Linguistic Semantics: an Introduction. Cambridge: Cambridge University Press，1995.
[16] 熊文新. 信息检索 Query 语言分析. 北京：北京语言大学，2006.
[17] Pawlak Z. Rough sets. International Journal of Computer Information Science，1982，11（5）: 341-356.
[18] Pawlak Z. Rough sets and fuzzy sets. Fuzzy Sets and Systems，1985，17（1）:99-102.
[19] 王国胤，姚一豫，于洪.粗糙集理论与应用研究综述.计算机学报，2009，32（7）:1229-1246.
[20] Wang Biao，Gao Guanglai. Upper Nearness Degree and Lower Nearness Degree of Fuzzy-Rough Set. International Symposium on Knowledge Acquisition and Modeling，2008：54-58.
[21] 王彪，高光来. 一种粗糙集与模糊集的互补性理论与模型. 计算机科学，2009，（11A）：124-126，133.
[22] 张文修. 粗糙集理论与方法. 北京：科学出版社，2001.

第3章

信息检索的检索模型

3.1　信息检索的主要检索模型

目前，已经提出的主要信息检索模型包括布尔逻辑模型、向量空间模型、概率模型、统计语言模型和基于机器学习的模型等。

（1）布尔逻辑模型。

布尔逻辑模型是较早提出和发展起来的检索模型之一。该模型使用词项（即词语）的布尔逻辑组合作为检索条件，从文档集中检索出满足检索条件的文档。一般来讲，该模型适合于结构化或半结构类型的文档检索，对非结构类型的文档无能为力。参考文献[1]介绍了一种扩展的布尔模型，参考文献[2]是一种布尔模型与自然语言查询组合的方法，参考文献[3]是一种模糊语义布尔模型，参考文献[4]是关于布尔模型的计算复杂度的分析。

（2）向量空间模型。

Salton 等人提出了向量空间模型[5]，并研发了基于向量空间模型的 SMART 实验检索系统[6]。该模型的基本假设是：笼统地看，一篇文档的语义通过其所包含的词项（即词语）来表达。向量空间模型把一篇文档中的全部词项视为空间中的一个向量，也即使用向量表示文档。相应地，把用户的查询请求也视为一篇文档，也使用向量表示法表示查询请求。检索时计算文档向量与查询向量间的相似度。

与文档相比较，查询请求通常内容较少。因此，在计算相似度时使用文档向量与查询向量间的夹角余弦，将夹角余弦值视为文档相关度，根据相关度的大小排序得到检索结果。

该模型适用于无结构化的文档，用户不需要费劲地构造布尔逻辑组合检索条件，只需输入关键词项、短语、语句或者一段文字等表达查询的请求，检索系统根据用户提交的检索条件自动构造查询向量。该模型奠定了后续无结构文档信息检索的基础。

余弦相似度计算方法见参考文献[7]，tf_idf 及权重计算见参考文献[8]、[9]。参考文献[10]给出了 idf 的具体使用方法，参考文献[11]～[14]是 idf 的几种扩展方法。参考文献[15]对向量空间模型进行了进一步的扩展研究，引入了机器学习的方法。

（3）概率模型。

Roberson 和 Jones 提出了概率模型的主要理论[16]，使用概率理论解决信息检索问题，这种思想更早地见于参考文献[17]。基本思想是估计文档与用户查询之间的相关概率，根据相关概率的大小对文档进行排序。二值独立检索模型（Binary Independent Model Retrieval, BIM）[18]、双泊松模型（2-Poisson model）[19]、Okapi BM25 检索模型[20]及改进的 BM25 模型[21]等都是典型的概率检索模型。参考文献[22]、[23]对概率模型进行了进一步的扩展应用研究。

（4）统计语言模型。

Ponte 和 Croft 提出了将统计语言模型应用于信息检索的思路[24]。该思路的基本思想是：估计每篇文档中词项的概率分布，计算由该分布抽样得到检索条件的概率，称为检索条件的生成概率，根据生成概率的大小对文档进行排序。与传统检索模型不同的是，统计语言模型是基于统计的处理方法。典型的统计信息包括词频信息（term frequency, tf ）和文档频率（document frequency, df ）。

事实上，统计语言模型出现较晚，发表于 1999 年的文章（参考文献[25]、[26]）都是早期的文章。由于统计语言模型具有较为完备的理论基础，使得众多信息检索领域的著名学者都致力于语言模型的完善。例如，Croft 和 Lafferty 系统地总结了一系列语言模型的研究成果[27]。Zhai 和 Laffety 详述了语言模型中不同平滑方法的比较结果[28]。Hiemstra 和 Kraaij 对 TREC 任务中的语言模型进行了一次综述[29]。Cao 和 Nie 使用了高阶语言模型[30]。

（5）基于机器学习模型。

近年来，有监督学习、半监督学习等机器学习方法被应用到信息检索领域，取得了较好的效果，并且成为了当前信息检索研究的热点之一[31-35]。传统的概率模型通过估计由文档 d 生成查询 q 的概率或者由查询 q 生成文档 d 的概率大小对文档进行排序，这些估计往往是经验性质的。而基于机器学习的检索模型依据人工标注的数据集训练排序模型，用特征向量表示文档 d 和查询 q 组成的二元组。

Cooper 和 Gey 提出使用线性回归（Logistic Regression）模型对文档进行排序[36-37]；Nallapati 提出使用支持向量机（Support Vector Machines, SVM）和最大熵（Maximum Entropy, ME）模型对文档进行排序[38]；Burges

提出使用相关文档和不相关文档构成的有序对训练排序模型，并用神经网络进行优化[39]；Hebrich 提出了基于有序对的排序方法，把排序问题视为在有序对空间上的二值分类问题，并用支持向量机进行优化[40]；Joachims 把有序对学习方法应用到搜索引擎[41]，在 SVMlight 工具包中被称为排序支持向量机（Ranking SVM）[42]。

3.2 查询扩展、相关反馈研究现状

为了解决信息需求语义缺失和偏移问题，提高信息检索效果，研究者们围绕用户查询开展了研究，主要包括查询扩展、相关反馈等研究。

查询扩展可以看作为了减少查询语义缺失而采取的一种方法。查询扩展的基本思路是：对查询中的关键词进行同义词、近义词和关联词等的扩充。例如，关键词“计算机”的同义词扩展、关联词扩展分别为“电脑”、“打印机”。对于信息需求表达的研究成果有：基于同义词查询扩展的方法[43]；基于关联词扩展的方法[44-47]。

相关反馈分为伪相关反馈和用户参与的相关反馈两种。伪相关反馈从初始检索结果中选取前 N 个文档，从这些文档中选取一些词对初始查询进行调整或扩展。用户参与的相关反馈是用户从初始查询结果中标注出若干个相关文档，从这些文档中选取若干个词对初始查询进行调整或扩展。这方面的研究主要见参考文献[48]～[57]。较具代表的方式是 Rocchio 的相关反馈公式：

$$Q' = \alpha Q + \beta R - \gamma \mathrm{NR}$$

其中，Q、R 和 NR 分别是初始查询问句描述（向量）、相关文档描述和不相关文档的描述。Rocchio 的方法既考虑了 R，也考虑了 NR。这与通常的做法不同。在许多研究中，常常只用正相关反馈，即只用 R 而不用 NR。Rocchio 的方法是在向量空间模型上定义的，但它同样适用在其他模型，如语言模型。

通常，从 R 中抽取的扩充词是在 R 中出现较多的词，或是较具代表性的词（即与整个文本集模型相差较大的词）。Zhai 和 Lafferty 的混合模型（Mixture model）就是用后一原理得到扩充词。Zhai 和 Lafferty 的 Mixture model 是目前比较有代表性的方法，是相关反馈中效果较好的模型。

除了以上的传统的查询扩充方法外，还有一些工作对它进一步细化。其中，Ben He、Iadh Ounis 提出了选取好的文档的方法；Guihong Cao、Jian-Yun Nie 等提出了选取好的词项的方法；Yuanhua Lv、ChengXiang Zhai 等提出了位置相关反馈的方法；Ramesh Nallapati、Bruce Croft 等提出了统计语言模型的相关反馈方法；Lavrenko、Croft 在伪相关反馈的基础上为用户的需求定义一个相关模型。

3.3　检索存在的主要问题分析

本书 3.2 节所述的几种模型反映了信息检索研究的基本现状，已有的针对无结构文档的 IR 模型具有一个共同点：把用户输入的查询语句视为用户信息需求，将查询语句分解为关键词，通过关键词的匹配进行检索。当然，对于用户以关键词形式输入的查询请求，则无须进行关键词分解，直接以输入的关键词进行匹配检索即可。

查询扩展和相关反馈都对用户信息需求进行了一定程度的扩充，但对需求的表达还是不太令人满意，且对信息需求缺乏一些理论上的完备描述。无论是查询扩展还是相关反馈都认为或假定用户的信息需求存在一个准确的描述，因而都试图去建立这样的准确描述，并将最后得到的扩展结果视为这种准确的描述。而实际上，在有了一定的相关文档以后，只能对用户的真实意图进行一个猜测，而猜测的范围也可能很大。

在研究解决需求表达时，以下几点可能是需要考虑和注意的问题。

（1）在 IR 中，用户信息需求的表达是提高 IR 检索效果的基础，只有尽可能准确地理解和表达用户的真实需求，才有可能得到理想的检索结果；反之，如果需求表达偏离、甚至曲解用户的真实信息需求，则再好的检索模型也难以得到理想的检索结果。

（2）在信息检索中，用户通过查询语句 q 提出查询请求。信息检索系统将 q 分解为一组关键词，然后用这些关键词作为用户信息需求进行查询。但在实际中，这些关键词往往对用户的真实信息需求表达得不够全面或准确，导致信息检索系统返回的检索结果并不理想。

（3）为了弥补查询与信息需求之间的偏差，研究者提出了查询扩展、相关反馈等方法，这些方法从同义词、关联词和上下文等方面对查询进行扩展，使得经过扩展后的查询进一步靠近用户的真实信息需求，从而可在一定程度上提高检索性能，但总体效果不太令人满意，且对信息需求缺乏一些理论上的完备描述。

（4）事实上，用户查询时所输入的查询语句是包含有丰富语义内涵的。当把这个句子分为几个关键词时，句子的语义缺失较为严重，这样就窄化了用户的信息需求。因而在查询时，往往效率不高。

对于用户输入的查询语句，要认识到以下几个方面的问题。

第一，用户输入的查询语句是包含有丰富语义含义的。也就是说，查询语句是一个语义范围。

第二，随着时间、环境、心情等的不同，用户的信息需求有所不同，用户信息需求不太容易通过 query 准确地反映。

第三，从语言学的角度分析，语言通过内涵和外延来表达其含义。用户的查询请求同样有其内涵和外延，信息需求应该反映其内涵和外延。

3.4　信息需求域基础上的信息检索

前面讨论了信息需求的需求域模型，这里接着讨论基于需求域的检索模型，在深入分析需求域结构的基础上，定义文档相似度。

3.4.1　信息需求域的结构

传统的信息检索模型给出的是文档与查询 q 之间的相似度，相似度越高的文档被认为是与用户需求越符合的文档。在检索返回的结果中，将相似度高的文档排在前面。在需求域模型下，信息检索模型需要首先给出文档与信息需求域之间的相似度，然后在返回结果中，将相似度高的文档排在前面。

在定义相似度之前，有必要分析需求域的结构。

信息需求域 $I=(\underline{R}(L),\ \overline{R}(L))$是一个从下界到上界的区域。因为$\underline{R}(L)\subseteq\overline{R}(L)$，可假设下界包含 m 个词语，$\underline{R}(L)=(t_1,t_2,\cdots,t_m)$；上界包含 $m+k$ 个词语，$\overline{R}(L)=(t_1,t_2,,t_m,t_{m+1},\cdots,t_{m+k})$，$k>=0$。由此可见，下界、上界实际上都是词语域，从而信息需求域 I 也是词语域。这个词语域 I 的结构分析如下。

令 $\mathrm{bn}I=\overline{R}(L)-\underline{R}(L)=(t_{m+1},\cdots,t_{m+k})$。在词语集的基础上，信息需求域 I 包含了一系列词语子域，最小的词语子域为$\underline{R}(L)$。从 $\mathrm{bn}I=(t_{m+1},\cdots,t_{m+k})$中任意取一个词语加入到词语子域$\underline{R}(L)$中，构成了 I 的又一个词语子域。$\mathrm{bn}I$ 中共有 k 个词语，因此，从 $\mathrm{bn}I$ 中任取一个词语加入到词语子域$\underline{R}(L)$构成的词语子域共有C_k^1个，这C_k^1个子域表示为$\underline{R}(L)+\{1\}$。同理，从 $\mathrm{bn}I$ 中任取 2 个词语加入到最小词语子域$\underline{R}(L)$中，构成了 I 的又一个子域，这样的子域共有C_k^2个，表示为$\underline{R}(L)+\{2\}$。依次类推，从 $\mathrm{bn}I$ 中任取 i 个词语加入到最小词语子域$\underline{R}(L)$中，构成的子域共有C_k^i个，表示为$\underline{R}(L)+\{i\}$。从而 I 的全部子域为：$\underline{R}(L)$，$\underline{R}(L)+\{1\}$，$\underline{R}(L)+\{2\}$，…，$\underline{R}(L)+\{k\}$。子域总数为$C_k^0+C_k^1+C_k^2+\cdots+C_k^k=2^k$。如图 3.1 所示表示了信息需求域 I 的结构。

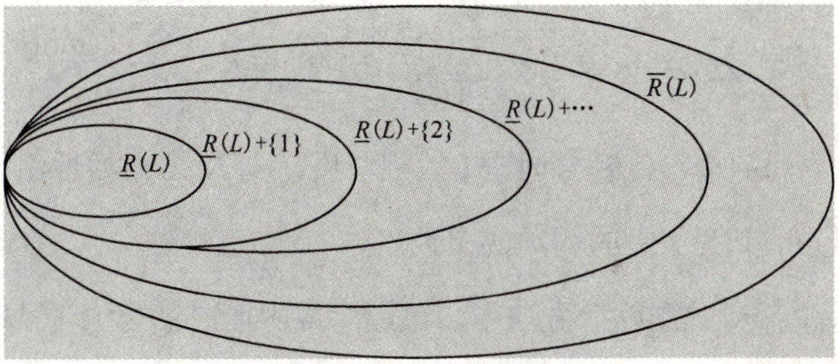

图 3.1　信息需求域 I 的结构

若要计算文档 d 与信息需求域 I 的相似度 $\mathrm{sim}(d,I)$，则要计算文档 d 与 I 的全部子域的相似度。

设文档 d 与 I 的第 h 个子域 Y_h 的相似度为 $\mathrm{sim}_h(d, Y_h)$, $h=1,2,3,\cdots,2^k$。一种简单的方法是定义文档 d 与信息需求域 I 的相似度 $\mathrm{sim}(d,I)$为文档 d 与各个子域相似度的线性组合。即，

$$\mathrm{sim}(d,I)=\sum_{h=1}^{2^k}\gamma_h \mathrm{sim}_h(d,Y_h)$$

其中，γ_h 为线性组合的参数，$h=1,2,3,\cdots,2^k$。

可以注意到，子域 Y_h 是一组词语集，假设文档 d 与每个子域的相似度为文档 d 与 Y_h 中各个词语的相似度的线性组合，

$$\mathrm{sim}_h(d, Y_h)=\sum_{g=1}^{|Y_h|}\beta_g \mathrm{sim}_g(d,t_g)$$

其中，$|Y_h|$为 Y_h 的词项个数，t_g 是 Y_h 中的词项，β_g 为线性组合的参数，$g=1,2,3,\cdots,|Y_h|$。可以注意到，在理解上，这里的“文档 d 与词语的相似度”可以理解为文档 d 与只有一个词语的文档间的相似度。则有，

$$\text{sim}(d,I)=\sum_{h=1}^{2^k}\gamma_h \text{sim}_h(d,Y_h)=\sum_{h=1}^{2^k}\gamma_h\sum_{g=1}^{|Y_h|}\beta_g \text{sim}_g(d,t_g)=\sum_{t_i\in I}\lambda_i \text{sim}_i(d,t_i)\text{，}$$

其中，$\text{sim}_i(d, t_i)$为 d 与词语 t_i 的相似度，$t_i \in I$，λ_i 为线性组合的参数，$i=1,2,\cdots,|I|$，$|I|$为 I 中的词项的个数。

可以注意到，在以上方法中，已经对域中所有的 2^k 个子域进行了逐一遍历，并为每一个集加以适当的权重。经过演算，问题最后落实到确定$|I|$个参数 λ_i（$i=1,2,\cdots,|I|$）上。下面定义一种适用的近似方法。

实际上，从反馈的文档得到的是信息需求域的边界描述，这是一种对需求域的概括性描述。因此，一种较为自然的、可行的近似方法是考虑两个边界描述以近似整个域。

从这个角度看，公式 $\text{sim}(d,I)=\sum_{t_i\in I}\lambda_i \text{sim}_i(d,t_i)$ 中的词语 t_i 可分为两组，一组为下界中的词语，另一组为上界中的词语。即，

$$\text{sim}(d,I)=\sum_{t_i\in I}\lambda_i \text{sim}_i(d,t_i)=\sum_{t_j\in \underline{R}}\eta_j \text{sim}_j(d,t_j)+\sum_{t_k\in \overline{R}}\eta_k \text{sim}_k(d,t_k)\text{。}$$

这样，$\text{sim}(d,I)=\sum_{t_i\in I}\lambda_i \text{sim}_i(d,t_i)$ 中的词语被分为两组，一组为下界中的词语，另一组为上界中的词语，即 $\text{sim}(d,I)$包含两部分：一部分为 d 与下界的相似度 $\text{Sim}_1(d,\underline{R})$；另一部分为 d 与上界的相似度 $\text{Sim}_2(d,\overline{R})$。

可以注意到，下界和上界的重要性是不同的，对相似度的贡献也是不同的。因此，文档 d 与信息需求域 I 的相似度最终为文档 d 与下界、上界相似度的线性组合，即，

$\text{sim}(d,I)=\alpha\text{Sim}_1(d,\underline{R})+(1-\alpha)\text{Sim}_2(d,\overline{R})$，$0\leqslant\alpha\leqslant1$。其中，参数 α 表

示了下界和上界的不同的重要程度。

关于初始查询 q 的下界 $\underline{R}(q,L)=(x\in V|\, x\in\cap \mathrm{term}_i,\ i=1,2,\cdots,n)\cup \mathrm{term}_q$，关于初始查询 q 的上界 $\overline{R}(q,L)=(x\in V|\, x\in\cup \mathrm{term}_i,\ i=1,2,\cdots,n)\cup \mathrm{term}_q$，关于初始查询 q 的信息需求域 $I(q,L)=(\underline{R}(q,L),\overline{R}(q,L))$，简记为 $I=(\underline{R},\overline{R})$。在公式 $\mathrm{sim}(d,I)=\alpha\mathrm{Sim}_1(d,\underline{R})+(1-\alpha)\mathrm{Sim}_2(d,\overline{R})$ 中，如果将初始查询 q 从下界 $\underline{R}$、上界 $\overline{R}$ 中分离出来，则有，

$$
\begin{aligned}
\mathrm{sim}(d,I)&=\alpha\mathrm{Sim}_1(d,\underline{R})+(1-\alpha)\mathrm{Sim}_2(d,\overline{R})\\
&=\alpha\mathrm{Sim}_0(d,q)+\alpha\mathrm{Sim}_1(d,\underline{R}')+(1-\alpha)\mathrm{Sim}_0(d,q)+(1-\alpha)\mathrm{Sim}_2(d,\overline{R}')\\
&=\mathrm{Sim}_0(d,q)+\alpha\mathrm{Sim}_1(d,\underline{R}')+(1-\alpha)\mathrm{Sim}_2(d,\overline{R}')
\end{aligned}
$$

其中，$\underline{R}'=(x\in V|\, x\in\cap \mathrm{term}_i,\ i=1,2,\cdots,n)$，$\overline{R}'=(x\in V|\, x\in\cup \mathrm{term}_i,\ i=1,2,\cdots,n)$。即有如下的 $\mathrm{sim}(d,I)$ 的形式，

$\mathrm{sim}(d,I)=\mathrm{Sim}_0(d,q)+\alpha\mathrm{Sim}_1(d,\underline{R}')+(1-\alpha)\mathrm{Sim}_2(d,\overline{R}')$，$0\leqslant\alpha\leqslant1$。从形式上看，该式兼顾了初始查询 q，反馈文档的公共部分 $\underline{R}'$，以及反馈文档的全部内容三个部分，对它们赋予了不同的权重。

在后面内容的讨论中，相似度主要采用 $\mathrm{sim}(d,I)=\alpha\mathrm{Sim}_1(d,\underline{R})+(1-\alpha)\mathrm{Sim}_2(d,\overline{R})$ 这种形式。这种形式的相似度有以下优点。

（1）兼顾了需求中集中关注的内容和延伸内容，以及需求的内涵和外延。

（2）形式直观，容易理解。

（3）相似度 $\mathrm{sim}(d,I)$ 考虑了需求域的全部 2^k 个子域。

（4）从 $\mathrm{sim}(d,I)=\sum_{t_i\in I}\lambda_i\mathrm{sim}_i(d,t_i)$ 的形式上看，词项集$\{t_i\}$由初始 query，相关文档的共同部分，以及非共同部分三个部分的词项构成，对这三部分的词赋予了不同的相似度权重。

3.4.2 文档相似度的定义

需求域模型下，相似度为文档与需求域间的相似度或距离，定义的方法可以有很多思路，以下给出几种思路。

3.4.2.1 文档与信息需求域之间的涵盖度

信息需求域从需求内容的角度描述了需求的内涵和外延。文档与需求域间的相似度需要体现文档对内涵和外延内容的涵盖程度。文档对内涵和外延内容的涵盖程度越大，相似度越大。在信息检索中，文档被认为是一组词语的集合。涵盖度体现了文档对需求域的匹配程度。

定义 3.1 对于任意一个文档 $d_k\in D$，d_k 的词项集为 Term_k。

文档 d_k 对需求下界 $\underline{R}(L)$的涵盖度定义为 $\mathrm{Sim}_1(d_k,\ \underline{R})$。

$\mathrm{Sim}_1(d_k,\ \underline{R})=\dfrac{|(x\in T|x\in \mathrm{Term}_k\cap \underline{R}(L))|}{|\underline{R}(L)|}$，称为文档 d_k 的下相似度。其中，算符$|\cdot|$为集合·的元素个数。

类似地，文档 d_k 对需求上界 $\overline{R}(L)$的涵盖度定义为

$\mathrm{Sim}_2(d_k,\ \overline{R})=\dfrac{|(x\in T|x\in \mathrm{Term}_k\cap \overline{R}(L))|}{|\overline{R}(L)|}$，称为文档 d_k 的上相似度。兼顾内涵和外延，给出如下的文档对需求域的涵盖度。

定义 3.2 使用已分析到的相似度定义方法，文档 d_k 与信息需求域

I=（$\underline{R}$，$\overline{R}$）之间的相似度定义为 $\mathrm{sim}(d_k,I)=\alpha \mathrm{Sim}_1(d_k, \underline{R})+(1-\alpha)\ \mathrm{Sim}_2(d_k, \overline{R})$。其中，$\alpha$ 为超参数，$0\leqslant\alpha\leqslant1$，$\alpha$ 的具体取值可以依据经验知识或机器学习的方法得到。

参数 α 的具体取值反映了对信息内涵或外延的关注程度。若 α 较大，则表示对内涵知识更加关注；反之若 α 较小，则表示对外延知识更加关注。当 $\alpha=0.5$ 时，表示对两者的重视程度相同。

推论 3.1　对于 D 中所有文档依据其相似度 sim 进行排序。

3.4.2.2　文档与信息需求域间的向量相似度

向量空间模型是信息检索领域较为成功的检索模型，典型代表是 SMART 系统。

在向量空间模型中，文档中的每一个词语都赋以一个权重值，文档被表示成空间中的向量，向量中的每一维为词语对应的权重。向量空间模型把文档间的相似度定义为文档对应向量间的夹角余弦。

本书在前面已经分析到文档相似度的形式为 $\mathrm{sim}(d,I)=\alpha \mathrm{Sim}_1(d, \underline{R})+(1-\alpha)\ \mathrm{Sim}_2(d, \overline{R})$，$0\leqslant\alpha\leqslant1$。在向量空间中，将信息需求域的下界、上界都视为向量，根据余弦相似度分别计算文档向量与下界向量、上界向量的余弦相似度，再进一步得到平均相似度。

定义 3.3　对于任意一个 $d_k\in D$，设文档向量、下界向量、上界向量分别为：

$d_k=(w_{k1}, w_{k2}, \cdots, w_{kn}),\ w_{kj}\geqslant0$

$\underline{R}=(w_{\underline{R}1}, w_{\underline{R}2}, \cdots, w_{\underline{R}n}),\ w_{\underline{R}j}\geqslant0$

$\overline{R}=(w_{\overline{R}1}, w_{\overline{R}2}, \cdots, w_{\overline{R}n})$, $w_{\overline{R}j}\geqslant 0$

则，d_k 的下相似度、上相似度、文档相似度分别定义为：

$$\mathrm{Sim}_1(d_k, \underline{R})=\cos(d_k, \underline{R})=\frac{<d_k,\underline{R}>}{|d_k||\underline{R}|}=\frac{\sum_{j=1}^{n}(w_{kj}\times w_{\underline{R}j})}{\sqrt{\sum_{j=1}^{n}w_{kj}^2}\times\sqrt{\sum_{j=1}^{n}w_{\underline{R}j}^2}}$$

$$\mathrm{Sim}_2(d_k, \overline{R})=\cos(d_k, \overline{R})=\frac{<d_k,\overline{R}>}{|d_k||\overline{R}|}=\frac{\sum_{j=1}^{n}(w_{kj}\times w_{\overline{R}j})}{\sqrt{\sum_{j=1}^{n}w_{kj}^2}\times\sqrt{\sum_{j=1}^{n}w_{\overline{R}j}^2}}$$

$$\mathrm{sim}(d_k,I)=\alpha\mathrm{Sim}_1(d_k, \underline{R})+(1-\alpha)\,\mathrm{Sim}_2(d_k, \overline{R})$$

3.4.2.3 信息需求域的统计语言模型

语言建模试图去建立自然语言的数学模型。较为详尽的叙述见参考文献[58]。1913 年 Markov 运用统计语言建模针对俄文字母序列进行建模[59]。Zipf 在 1949 年发现了 Zipf 规律[60]：如果把单词出现的频率按由大到小的顺序排列，则每个单词出现的频率与它的排列位置号的常数次幂存在简单的反比关系。1951 年，Shannon 利用 n-gram 模型对英文文本建模观测英文文本的统计量，其工作进一步推动了统计语言技术的发展[61]。1998 年，Ponte 和 Crofl 将语言模型应用于信息检索中，并得到了不错的效果[24]。

建立自然语言模型主要有两种方法。一种是基于规则的方法。这种方法通过语言学的文法规则实现对自然语言的内在结构的建模。但是大量的研究表明，依靠规则的语言模型几乎不可能实现对大规模真实文本的处理。基于规则的语言模型没有取得实质性的进展。另一种方法是建立在统计学基础上的，通过对大量文本语料的统计研究，发现自然语言的统计规律，从而建立自然语言的模型。由于目前机器对语言理解的瓶颈，使得统计语言模型成为了语言建模的主流。事实上，在取得机器对自然语言理解的实质性进展之前，统计语言会成为自然语言建模的一种主导方法。特别是在信息检索领域，统计语言模型表现出了一些令人可喜的结果。

统计语言模型的实质是把自然语言知识（包括词、句、语法、段落和文章等）看作一些概括性的、笼统的统计规律。这与把需求域视为对 query 的理解和诠释是一致的。这里，把需求域视为对 query 的一种概括性的、笼统的理解和解释。通过以下的分析会看到，在统计语言模型下，把文档生成需求域的概率作为相似度。

下面介绍并分析语言模型的主要思想和技术，包括 n-gram 语言模型及其参数估计，以及平滑技术[62]。

1. *n* 元语言模型

自然语言有一定的语法规则，根据此语法规则将一组词进行排列组成一个句子，多个句子构成段落，多个段落构成文章。这样，任何一篇文章都是某一组词的一种特定排列。对于任意一组词，假设有 N 个词，那么，这 N 个词的总的排列数是 $N!$。这意味着由着 N 个词可以写成 $N!$ 篇文章。但事实上，由于受到语法和文章含义的限制，N 个词一般不可能生成 $N!$ 篇文章。例如，{雨，有，明天}这 3 个词的排列是 3！=6，但实际中，像“有明天雨”这样的句子是不会出现的，可能会出现的句子为“明天有雨”、“有雨，明天”、“雨，明天有”。并且可以注意到，尽管上述三个句子都可能在实际中使用，但根据语言习惯，生成每个句子的概率是不同的。生成句子“明天有雨”的概率最大。在大规模语料库的基础上，这些生成概率是可以统计出来的。

统计语言模型的核心是计算一个词语序列生成一个句子的概率（称为生成概率）。由于生成概率的大小受限于语法、含义及语言习惯，因此，生成概率隐含并间接地“反映”了一定的语法和含义，本质上是语法、含义和语言习惯的统计规律。这种统计规律并不真正代表语法和含义本身，只能反映出某个词语序列出现的概率。

基于以上思路，统计语言模型必须借助大型语料库，从语料库中统计出各个词语的统计概率或概率分布，在此基础上计算生成概率。

例如，设一个由五个词构成的句子 $s=t_1t_2t_3t_4t_5$，则 s 的生成概率 $p(s)$ 为

$$p(s)=p(t_1)p(t_2|t_1)p(t_3|t_1t_2)p(t_4|t_1t_2t_3)p(t_5|\ t_1t_2t_3t_4)$$

对于语言模型，解决的关键点是如何得到各个条件概率的值。因此，生成概率的计算转换为估计各个条件概率的值。为了计算时的方便，可以简化上述各条件概率。

第一种简化方法是假设文档的各个词是相互独立的，此时，

$p(s)=p(t_1)p(t_2)p(t_3)p(t_4)p(t_5)$

这种模型称为一元语言模型。

第二种简化方法是只考虑前一个词出现时的情况，此时，

$p(s)=p(t_1)p(t_2|t_1)p(t_3|t_2)p(t_4|t_3)p(t_5|t_4)$

此模型称为二元语言模型。

类似地，第三种简化方法是只考虑前两个词出现时的情况，此时，

$p(s)=p(t_1)p(t_2|t_1)p(t_3|t_1t_2)p(t_4|t_2t_3)p(t_5|t_3t_4)$

此模型称为三元语言模型。

一般地，设一个由 k 个词序列构成的句子 $s=t_1,t_2,\cdots,t_k$。n 元语言模型将 s 看作具有以下概率值的马尔可夫模型：

$$p(s)=\prod_{i=1}^{k}p(t_i|t_{i-n+1},t_{i-n},\cdots,t_{i-1})$$

可以注意到，n 元语言模型在计算时，都进行了不同程度的词语独立性假设。研究表明，相对一元语言模型，高元语言模型的检索性能并没有取得实质性的提高，其根本原因在于现阶段的机器检索本质上是关键词匹配的方式，不能达到完全意义上的语义匹配。

2. 语言模型下的信息检索

（1）生成模型。

在语言模型下，文档 d 与查询 q 的相似度定义为 $p(d|q)$。$p(d|q)$为在查询 q 时得到文档 d 的条件概率，称为文档 d 与查询 q 间的似然，该值越大，表明文档 d 与查询 q 越相关。因此，用该似然表示文档 d 与查询 q 的相似度，并依此对各个文档进行排序。根据贝叶斯公式

$$P(d|q)=\frac{p(q|d)p(d)}{p(q)}$$

上式中，文档 d 的先验概率 $p(d)$可以视为均匀分布，其值不影响文档排序，故可以被省略掉。$p(q)$对所有文档而言，其值相同，不影响排序，也可以被省略掉。于是，$p(d|q)$和 $p(q|d)$成正比关系，即，

$p(d|q) \propto p(q|d)$

$p(q|d)$是文档 d 生成查询 q 的概率。假设查询 q 服从下面的多项式分布：

$$p(q|d)=p(q|M_d)=\frac{|q|!}{\prod_{t\in q}(tf_{t,q})!}\prod_{t\in q}p(t|M_d)^{\mathrm{tf}_{t,q}}$$

其中，M_d 为文档 d 的语言模型，通常为一元语言模型。词项 t 的词项频率为 $\mathrm{tf}_{t,q}$，$|q|$为 q 中的词项数。并且可以省注意到，$\frac{|q|!}{\prod_{t\in q}(\mathrm{tf}_{t,q})!}$只与 q 有关，因此对于每个文档 d 而言 $\frac{|q|!}{\prod_{t\in q}(\mathrm{tf}_{t,q})!}$都相同，可以省略。省略后的 $p(q|d)$为

$$p(q|d)=\prod_{t\in q}p(t|M_d)^{\mathrm{tf}_{t,q}}$$

在上述基于语言模型的信息检索中，将查询的生成视为一个随机过程，具体步骤如下。

（A）确定每篇文档 d_i 的语言模型 M_{d_i}。

（B）估计每个文档 d_i 生成查询 q 的生成概率 $p(q|M_{d_i})$。

（C）根据 $p(q|M_{d_i})$ 对文档进行排序。

语言模型的主要问题是生成概率 $p(q|d)$的估计。具体方法在本章随后的内容中加以解决。

（2）信息需求域的语言模型。

上述语言模型的直观意义是，首先用户脑海里有信息需求的原型文档，

然后按照文档中出现的词项来生成查询 q[62]。因此，语言模型要求用户对感兴趣的文档中的词有一些合理的想法，并且选择那些能够区分其他文档的查询词构造成查询，进而将构造好的查询提交给信息检索系统进行检索。然而，对于普通用户而言，要求他们构造查询词是难以理解和接受的，并且也是非常困难的。因此，通常情况下，普通用户大多习惯用自然语言来提出查询请求。但是，这样往往导致语言模型不能得到很好的检索结果。

信息需求域弥补了这个不足。信息需求域不仅给出了构成查询 q 的关键词，而且还给出了需求的范围，从而能够更好地发挥语言模型的优势。以下给出信息需求域下的语言模型。

根据前面的分析，文档相似度的形式为 $\mathrm{sim}(d,I)=\alpha\mathrm{Sim}_1(d, \underline{R})+(1-\alpha)\mathrm{Sim}_2(d, \overline{R})$，$0\leqslant\alpha\leqslant1$。对于任意文档 d，定义 d 与信息需求域 $I=(\underline{R}, \overline{R})$ 的生成概率为文档生成下界的概率与文档生成上界的概率之加权算术平均值。即，

$$p(I|d)=\alpha p(\underline{R}|d)+(1-\alpha)p(\overline{R}|d)$$

其中，参数 α 是待估计的超参数，$0\leqslant\alpha\leqslant1$。

这个模型使得机器能够兼顾下界和上界，即需求的内涵和外延。

（3）生成概率的估计。

以下讨论下界生成概率与上界生成概率的估计。

在一元语言模型下，用最大似然估计方法估计到的生成概率[24]为：

$$\hat{p}_{\mathrm{mle}}(t|M_d)=\frac{\mathrm{tf}_{t,d}}{L_d}$$

其中，M_d 是文档 d 的语言模型，$\mathrm{tf}_{t,d}$ 是词项 t 在文档 d 中出现的次数，$L_d=\sum_{i=1}^{M}\mathrm{tf}_{t_i}$ 是文档 d 的长度。

从而，$p(q|d)=\prod_{t\in q}p(t|M_d)=\prod_{t\in q}\hat{p}_{\mathrm{mle}}(t|M_d)=\prod_{t\in q}\frac{\mathrm{tf}_{t,d}}{L_d}$

将下界、上界分别代入上述公式，可得，

下界的生成概率为 $p(\underline{R}|d)=\prod_{t\in\underline{R}}\hat{p}_{\mathrm{mle}}(t|M_d)=\prod_{t\in\underline{R}}\frac{\mathrm{tf}_{t,d}}{L_d}$

上界的生成概率 $p(\overline{R}|d)=\prod_{t\in\overline{R}}\hat{p}_{\mathrm{mle}}(t|M_d)=\prod_{t\in\overline{R}}\frac{\mathrm{tf}_{t,d}}{L_d}$

因此，$p(I|d)=\alpha p(\underline{R}|d)+(1-\alpha)p(\overline{R}|d)=\alpha\prod_{t\in\underline{R}}\frac{\mathrm{tf}_{t,d}}{L_d}+(1-\alpha)\prod_{t\in\overline{R}}\frac{\mathrm{tf}_{t,d}}{L_d}$

（4）平滑。

语言模型中，若某个词 t 不出现在文档 d 中，则该词 t 的概率估计 $\hat{p}(t|M_d)=0$，导致整个生成概率为 0。这种现象称为稀疏性问题[62]。稀疏性问题的影响主要有两个方面：第一方面是导致非常严格的“与”语义，即一篇文档只有包含查询 q 的所有的词，才会得到非零概率；第二方面是偶然出现的词有可能被过度估计。

解决稀疏性问题的办法是采用平滑的方法，即对非零的概率结果进行折损，并对未出现的词的概率赋以一定的小的非零值。

常用的一种平滑方法是线性插值平滑，也称为 Jelink-Mercer 平滑[63]。

导致稀疏性问题的原因是查询词项未出现在文档 d 中。可以注意到，尽管某些词可能不出现在某个文档中，但它可能会出现在整个文档集中。为此，需要考虑构建整个文档集的语言模型。设整个文档集 D 的语言模

型为 M_D，词 t 的文档集估计为 $\hat{p}_{\text{mle}}(t|M_D)$，则 $\hat{p}(t|M_d)$ 的线性插值估计为

$$\hat{p}(t|d)=\lambda\hat{p}_{\text{mle}}(t|M_d)+(1-\lambda)\hat{p}_{\text{mle}}(t|M_D)$$

其中，$0<\lambda<1$，λ 是待估计的参数。

另一种平滑方法是 Dirichlet Smoothing[64]，在该方法下，文档的语言模型公式如下：

$$\hat{p}(t|d)=\frac{\text{tf}_{t,d}+\lambda\hat{p}_{\text{mle}}(t|M_D)}{L_d+\lambda}$$

其中，$\lambda>0$，λ 是待估计的参数。本书后面的实验采用的是 Dirichlet Smoothing 平滑方法。

基于以上分析，信息需求域下的信息检索主要是基于语言模型的相似度。

3.5 检索模型的发展方向分析

从理论研究角度考虑，在大数据背景下，信息检索、数据挖掘、机器学习、人工智能、自然语言处理将进一步得到深入发展。除了信息检索沿着自己的方向发展之外，将数据挖掘[65]、机器学习、人工智能、自然语言处理的最新发展，特别是其理论基础融入到信息检索中，将是信息检索的重要发展方向。

利用深度学习去理解信息需求、构建检索模型将有着广阔的前景，可能会取得令人兴奋的进展[66-69]。

从信息检索的应用角度考虑，移动信息检索应用将是值得关注的重要应用领域。

从检索系统考虑，问答式智能信息检索将得到发展。问答式智能信息检索意味着针对用户提出的信息请求，检索系统将直接返回检索分析后的答案，而不是仅提供大量的参考资料。例如，用户需求为："什么是信息检索？"，检索系统将对检索到的相关资料进行分析后给出一个参考答案，而不再是仅提供数以万计的参考资料。再例如，用户需求为："本月的全球经济走向？"，检索系统将对检索到的海量相关信息进行分析后给出一个参考答案，而不是仅提供相关的大量的参考资料。

参 考 文 献

[1] S Pohl，A Moffat，J Zobel. Efficient Extended Boolean Retrieval. Knowledge and Data Engineering，IEEE Transactions on Knowledge and Data Engineering，2012，24（6）:1014-1024.

[2] P. G. Anick， J. D. Brennan， R. A. Flynn， et al. A direct manipulation interface for Boolean information retrieval via natural language query. Proceedings of the 13th annual international ACM SIGIR'89 conference on Research and development in information retrieval，1989 : 135-150.

[3] A.G. López-Herrera， E. Herrera-Viedma， F. Herrera. Applying multi-objective evolutionary algorithms to the automatic learning of extended Boolean queries in fuzzy ordinal linguistic information retrieval systems. Fuzzy Sets and Systems，2009，160（15）:2192–2205.

[4] PManolis Koubarakis，PSpiros Skiadopoulos，Christos Tryfonopoulos. Logic and

Computational Complexity for Boolean Information Retrieval. IEEE Transactions on Knowledge and Data Engineering，2006，18（12）: 1659-1666.

[5] Salton G. and Lesk M. E. Computer evaluation of indexing and text processing. Journal of the ACM，1968，15（1）: 8-36.

[6] Salton G. and Lesk M. E. Computer evaluation of indexing and text processing. Gerard Salton，eds. ，The SMART Retrieval System: Experiments in Automatic Document Processing，Englewood Cliffs，New Jersey: Prentice Hall，Ing，1971 : 143-180.

[7] Zobel Justin，Alistair Moffat. Inverted files for text search engines. ACM Computing Surveys，2006，38（2）:1-56.

[8] Luhn Hans Peter. A statistical approach to mechanized encoding and searching of literary information. IBM Journal of Research and Development，1957，1（4）:309-317.

[9] S. Robertson. Understanding inverse document frequency: on theoretical arguments for IDF. Journal of Documentation 2004，60（5）:503-520.

[10] Spärck Jones Karen. A statistical interpretation of term specificity and its application in retrieval. Journal of Documentation，1972，28（1）:11-21.

[11] George Tsatsaronis，Vicky Panagiotopoulou. A Generalized Vector Space Model for Text Retrieval Based on Semantic Relatedness. Proceedings of the EACL 2009 Student Research Workshop，2009 : 70-78.

[12] Peter D. Turney，Patrick Pantel. From Frequency to Meaning:Vector Space Models of Semantics. Journal of Artificial Intelligence Research，2010，37（1）: 141-188.

[13] Claire Fautsch，Jacques Savoy. Adapting the tf-idf vector-space model to domain specific information retrieval. Proceedings of the 2010 ACM Symposium on Applied Computing，2010 : 1708-1712.

[14] Papineni Kishore. Why inverse document frequency? Proceedings of North American Chapter of the Association for Computational Linguistics，2001 : 1-8.

[15] Xiaoying Tai，Minoru Sasaki，Yasuhito Tanaka，et al. Improvement of vector space information retrieval model based on supervised learning. Proceedings of the fifth international workshop on Information retrieval with Asian languages 2000，Hong Kong，China，2000 : 69-74.

[16] Stephen E. Robertson，Karen Sparck Jones. Relevance weighting of search terms. Journal of the American Society for Information Science. 1976，27（3）:129-146.

[17]Maron M. E. ，J. L. Kuhns. On relevance，probabilistic indexing and information retrieval. JACM，1960，7（3）:216–244.

[18] Robertson S. E. ，van Rijsbergen C. J. ，et al. Probabilistic models of indexing and searching. Proceedings of the 3rd annual ACM conference on Research and development in information retrieval. Butterworth，London，1980 : 35–56.

[19] Robertson S. E. ，S. Walker. Some simple effective approximations to the 2-poisson model for probabilistic weighted retrieval. Proceedings of the 17th Annual International ACM SIGIR'94 Conference on Research and Development in Information Retrieval，1994 : 232–241.

[20] Robertson S. E. ，S. Walker，et al. Okapi at TREC-3. Proceedings of the Third Text REtrieval Conference （TREC–3） NIST Special Publication 500–225，1995 : 109–126.

[21] Robertson S. E. and Walker S. Okapi/Keenbow at TREC-8. Proceedings of the 8th Text REtrieval Conference，Gaithersburg，Maryland，NIST Special Publication，1999 : 151–161.

[22] N. Fuhr. Probabilistic Models in Information Retrieval，Computer Journal，1992，35（3）: 243–255.

[23] Jinyoung Kim，Xiaobing Xue，W. Bruce Croft. A Probabilistic Retrieval Model for Semistructured Data. Advances in Information Retrieval Lecture Notes in Computer Science，2009，5478（2009）:228–239.

[24] Ponte J. M. ，Croft W. B. A language modeling approach to information retrieval. Proceedings of the 21th Annual International ACM SIGIR Conference on Research and Development in Information Retrieval，1998 : 275–281.

[25] Berger Adam，John Lafferty. Information retrieval as statistical translation. SIGIR'99，1999 : 222–229.

[26] Miller David R. H. ，Tim Leek，et al. A hidden Markov model information retrieval system. Proceedings of SIGIR'99，1999 : 214–221.

[27] Croft，W. Bruce，John Lafferty. Language Modeling for Information Retrieval. 2003，Springer.

[28] Zhai Chengxiang，John Lafferty. A study of smoothing methods for language models applied to ad hoc information retrieval. Proceedings of SIGIR'01，2001 : 334–342.

[29] Hiemstra Djoerd，Wessel Kraaij. A language-modeling approach to TREC. Voorhees

and Harman （2005），2005 : 373-395.

[30] Cao Guihong，Jian-Yun Nie，Jing Bai. Integrating word relationships into language models. SIGIR'05，2005 : 298-305. ACM Press.

[31] Yanyan Lan，Tie-Yan Liu，Zhiming Ma，et al. "Generalization analysis of listwise learning-to-rank algorithms" . Proceedings of the 26th Annual International Conference on Machine Learning，2009 : 577-584.

[32] Burges C. J. C. ，Shaked T. ，Renshaw E. ，Lazier A. ，Deeds M. ，Hamilton N. ，and Hullender G. Learning to Rank using Gradient Descent. Proceedings of the 22nd International Conference on Machine Learning，2005 : 89-96.

[33] G. Cao，J. Nie，L. Si，J. Bai. Learning to rank documents for ad-hoc retrieval with regularized models. SIGIR 2007 Workshop on Learning to Rank for Information Retrieval，2007.

[34] Gao J. ，Qi H. ，Xia X. ，et al. Linear Discriminant Model for Information Retrieval. In proceedings of the 28th Annual International ACM SIGIR'05 Conference on Research and Development in Information Retrieval，Sheffield，Salvador，Brazil，2005 : 290-297.

[35] Olivier Chapelle，Yi Chang，Tie-Yan Liu. Future directions in learning to rank. JMLR: Workshop and Conference Proceedings 14，2011 : 91-100.

[36] Cooper W. S. ，Gey F. C. ，Dabney D. P. Probabilistic Retrieval Based on Staged Logistic Regression. Proceedings of the 15th Annual International ACM SIGIR Conference on Research and Development in Information Retrieval，Copenhagen，Denmark，1992 : 198-210.

[37] Fredric C. Gey. Inferring probability of relevance using the method of logistic regression. Proceedings of 17th Annual International ACM SIGIR Conference on Research and Development in Information Retrieval. Dublin，Ireland，1994 : 222-231.

[38] Nallapati R. Discriminative Models for Information Retrieval. Proceedings of the 27th Annual International ACM SIGIR'04 Conference on Research and Development in Information Retrieval，Sheffield，United Kingdom，2004. : 64-71.

[39] Burges C. J. C. ，Shaked T. ，Renshaw E. ，Lazier A. ，Deeds M. ，Hamilton N. ，and Hullender G. Learning to Rank using Gradient Descent. Proceedings of the 22nd International Conference on Machine Learning，2005 : 89-96.

[40] Herbrich R. ，Graepel T. ，Obermayer K. Large Margin Rank Boundaries for Ordinal

Regression. Smola，In Advances in Large Margin Classifiers. MIT Press，Cambridge，MA，2000. MIT Press，2000 : 115-132.

[41] Joachims T. Optimizing Search Engines Using Click-through Data. Proceedings of the 8th ACM SIGKDD International Conference on Knowledge Discovery and Data Mining. New York，USA，2002 : 133-142.

[42] http://svmlight.joachims.org/.

[43] 马晖男，吴江宁，潘东华. 一种基于同义词词典的模糊查询扩展方法. 大连理工大学学报，2007，47（3）:439-443.

[44] 张敏，宋睿华，马少平. 基于语义关系查询扩展的文档重构方法.计算机学报，2004，27（10）:1395-1401.

[45] J. Xu，W.B. Croft. Query Expansion Using Local and Global Document Analysis. Proceedings of the Nineteenth Annual International ACM SIGIR'96 Conference on Research and Development in Information Retrieval，1996 : 4-11.

[46] 刘耕，方勇，刘嘉勇. 基于关联词和扩展规则的敏感词库设计. 四川大学学报（自然科学版），2009，（3）:667-671.

[47] Mostafa Keikha，Jangwon Seo，W. Bruce Croft，et al. Predicting document effectiveness in pseudo relevance feedback. Proceedings of the 20th ACM international conference on Information and knowledge management，2011 : 2061-2064.

[48] J. J. Rocchio，Relevance feedback in information retrieval. The SMART Retrieval System，1971 : 313-323.

[49] Yuanhua Lv，ChengXiang Zhai，Wan Chen. A boosting approach to improving pseudo-relevance feedback. Proceedings of the 34th international ACM SIGIR conference on Research and development in Information Retrieval，2011 : 165-174.

[50] H.C.Wu，R.W.P.Luk，K.F.Wong，et al. A split-list approach for relevancefeedback in information retrieval. Information Processing & Management，2012，48（5）:969–977.

[51] Kalervo Jarvelin. Interactive relevance feedback with graded relevance and sentence extraction: simulated user experiments. Proceeding of the 18th ACM conference on Information and knowledge management，2009 : 2053-2056.

[52] X. Shen，C. Zhai. Active feedback in Ad-Hoc information retrieval. the 28th Annual International ACM SIGIR'05 Conference，2005 : 59-66.

[53] Guihong Cao，Jian-Yun Nie，Jianfeng Gao，et al. Selecting good expansion terms for

pseudo-relevance feedback. Proceedings of the 31th Annual International ACM SIGIR'08 Conference，2008 : 243-250.

[54] Yuanhua Lv，ChengXiang Zhai. Positional relevance model for pseudo-relevance feedback. Proceedings of the 33th Annual International ACM SIGIR'10 Conference，2010 : 579-586.

[55] Ramesh Nallapati，Bruce Croft，James Allan. Relevant Query Feedback in Statistical Language Modeling. Proceeding of the 12th ACM conference on Information and knowledge management，2003 : 560-563.

[56] Ben He，Iadh Ounis. Finding Good Feedback Documents. Proceeding of the 18th ACM conference on Information and knowledge management，2009 : 2011-2014.

[57] V. Lavrenko，W. B. Croft. Relevance-based language models. Proceedings of the ACM SIGIR 2001 : 120-127.

[58] Christopher D.Manning，Hinrich schütze. Foundations of Statistical Natural Language Processing. MIT Press. Cambridge，MA，1999.

[59] Markov Andrei A. An example of statistical investigation in the text of Eugene Onyegin illustrating coupling of tests in chains. Proceedings of the Academy of Sciences，St. Petersburg，1913，7（6）:153-162.

[60] Zipf G.K. Human Behavior and the Principle of Least Effort. Addison Wesley Press，1949.

[61] C. E. Shannon. Prediction and entropy of printed English. Bell System Technical Journal，1951，（30）:50-64.

[62] Christopher D. Manning，Prabhakar raghavan，Hinrich Schütze. Introduction to Information Retrieval. Cambridge University Press，2009.

[63] Frederick Jelinek，Robert L.Mercer. Interpolated estimation of Markov source parameters from sparse data. Proceedings of the Workshop on Pattern Recognition in Practice，Amsterdam，The Netherlands: North-Holland，May，1980.

[64] MacKay David J.C. ，Linda C.Peto. A hierarchical Dirichlet language model. Natural Language Engineering，1995，1（3）:1-19.

[65] 王元卓，贾岩涛，刘大伟等. 基于开放网络知识的信息检索与数据挖掘. 计算机研究与发展，2015，52（2）:456-474.

[66] 洪俊. 基于 Deep Learning 的领域概念抽取方法研究. 上海：华东师范大学，2014.

[67] Mihalcea R，Wiebe J. SimCompass: Using Deep Learning Word Embeddings to Assess Cross-level Similarity. SemEval，2014: 560-565.

[68] Huang Z，Weng C，Li K，et al. Deep learning vector quantization for acoustic information retrieval[C]. Acoustics，Speech and Signal Processing （ICASSP），2014 IEEE International Conference on. IEEE，2014: 1350-1354.

[69] Qi Y，Das S G，Collobert R，et al. Deep Learning for Character-Based Information Extraction. Advances in Information Retrieval. Springer International Publishing，2014: 668-674.

第 4 章

文档索引的建立

4.1　附加统计信息的倒排索引

设文档集为 D，为文档集中的每个文档赋予一个顺序的文档编号(Docid)：1,2,3，…，N，其中 N 是文档集 D 的文档个数。最容易建立的文档表示方法是二维表格。文档-词项的二维表格结构见表 4.1。

表 4.1　文档-词项的二维表格结构

Docid term	1	2	3	…	N
$term_1$	1	1	0	…	1
$term_2$	0	1	0	…	0
$term_3$	1	1	1	…	0
…	…	…	…	…	…
$term_k$	0	1	1	…	1

在文档-词项的二维表格中，“1”代表某个词项出现在对应的文档中，如在表 4.1 中，文档 2 与 $term_1$ 的交叉点处为 1，表示 $term_1$ 词项出现在文档 2 中；“0”表示 $term_1$ 词项未出现在相应的文档中。表格中文档编号所对应的每一列代表了该文档中出现的全部词项（即对应值为 1 的位置），因此表示了文档的全部内容。表格中每一个 term 所对应的行表示了该词项所出现的全部文档（即对应值为 1 的位置）。

表 4.1 看上去似乎比较简单，但对于大文档集而言并不合适。可以进行一个如下的简单分析。

设一个文档集 D 共有 10 万个词项，50 万篇文档。那么文档-词项表中的“0”、“1”总数为 10 万×50 万=500 亿个。但是，容易注意到，其中绝大多数为“0”。假设每篇文档平均包含 2000 个词项，则“1”的总数为 2000×50 万=10 亿个。“1”所占的比例为 10 亿÷500 亿=0.02=2%。这意味着 98%的空间是冗余的。这种冗余给存储和计算都带来了巨大的空间和时间浪费，因此，可以设计更好的结构用来表示文档集。

通常的做法是采用所谓的倒排索引结构[1,5]。参考文献[1]、[2]对倒排索引进行了总结性的描述。基本的倒排索引结构如图 4.1 所示。倒排索引结构中，每个词项只记录其出现的各个文档的编号，所有词项按字母顺序排序。

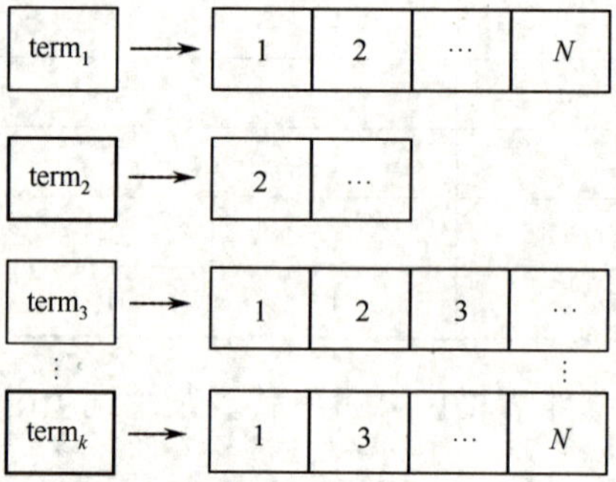

图 4.1　基本的倒排索引结构

为了提高计算速度，可以把相关的统计信息包含在倒排索引中。在适合于信息需求域的信息检索的结构中，引入了以下两个统计量。

词项的文档频率（dfp）：词项在整个文档集中出现的频率，即包含该词项的文档总个数与整个文档集中文档总数的比值。

词项频率（tfp）：词项在某个文档中出现的频率，即词项在该文档中出现的总次数与该文档长度的比值。

这样，需求域模型信息检索的倒排索引结构如图 4.2 所示。

$term_i$	dfp	→	$Docid_{i_1}$	tfp_1	$Docid_{i_2}$	tfp_2	…	…	$Docid_{i_n}$	tfp_{i_n}

图 4.2　需求域模型信息检索的倒排索引结构

为了进一步提高检索效率，建立索引时还可以考虑停用词、词干提取、词形归并等启发式方法[1]。

4.2　停用词

由于把文档视为词项的集合，所以文档中有些词项对检索而言意义不大，如英语中的 the、for、from 等词，这些词几乎在每篇文档中都出现，如果作为独立的单个词看待的话，它们其实不能代表实际的语义。这些词被称为停用词，可以从索引中去掉。这样可以在很大程度上提高检索效率。在后面的实验中，使用了 Lemur 系统[3]的停用词表 stoplist，共 418 个停用词。

4.3　词干提取

词干提取主要是去掉词项两端的词缀的方法。Porter 算法[4]是针对英语的词干提取算法，在实际应用中，该算法非常有效，有利于基于词语匹配的信息检索。Porter 算法主要包括了以下五个步骤。

步骤 1：将词尾字母 es、e、ed、y 去掉。

例如： searched →search。

步骤 2：将 tional、fulness、iveness 等形式的词尾，替换为 tion、ful、ive 等。

例如：traditional →tradition。

步骤 3：将 icate、iveness、alize 等形式的词尾，替换成 ic、ive、al 等。

例如：specialize → special。

步骤 4：删除多余的词尾，如 al、ance、er、ic 等。

例如：magical → magic。

步骤 5：去除词尾元音字母 e。

例如：because → because。

在本书后面的实验中都使用了 Porter 算法进行词干提取。

4.4 词形归并

词项的不同语法形态可以表示不同的时态、语态及词性等。例如，英语中的单词 excellent、excellence 反映了不同的词性；单词 do、done 反映了不同的语态；单词 did、doing 反映了不同的时态。这些情况的出现对自然语言非常必要，但对于信息检索来讲，则不利于基于词项匹配的方法。因此，在建立索引时，把这些词都转换为单词的原形，称为词形归并。

4.5　小结与讨论

对文档集合的表示是信息检索的重要内容之一，本章结合需求域的特点，描述了相应的带有附加统计信息的倒排索引方法。本章还考虑了停用词、词干提取、词形归并等策略。由于文档被拆分为词语的集合，其中一些词语不利于检索，因此作为停用词去掉。词干提取、词形归并等策略也出于类似的目的。

需要注意的是，停用词、词干提取、词形归并等策略只是为了提高关键词匹配的效果，与语言理解无关。在基于关键词匹配的策略下，文档、查询请求均视为关键词的集合。

参 考 文 献

[1] Christopher D. Manning，Prabhakar raghavan，Hinrich Schütze. Introduction to Information Retrieval. Cambridge University Press，2009.

[2] Zobel Justin，Alistair Moffat. Inverted files for text search engines. ACM Computing Surveys，2006，38（2）:1-56.

[3] http://www.lemurproject.org.

[4] Porter Martin F. An algorithm for suffix stripping. Program，1980，14（3）:130-137.

[5] Croft W B，Metzler D，Strohman T. Search engines: Information retrieval in practice. Reading: Addison-Wesley，2010.

第 5 章

信息检索系统的评价方法

第5章　信息检索系统的评价方法

当信息检索系统建立起来之后，一个重要的任务就是对检索系统的评价。对于每一种信息检索模型及其检索系统，一般要评价其检索性能的优劣。总体来讲，检索性能主要体现在检索结果的好坏和响应速度两个方面。其中，主要是检索结果，一方面是因为尽管一个检索系统的响应速度很快，但如果检索结果不能令用户满意，那么这样的系统用户是不会认可的。另一方面，由于机器的计算速度越来越快，检索系统的响应速度也越来越快。信息检索系统评价的基本原则是首先在保证良好的检索结果的前提下，努力提高检索速度。因此，对信息检索系统评价的主要依据是检索结果的好坏。主要的评价方法包括正确率、召回率、F值指标、平均正确率均值等[1-2]。

5.1　测试集

若要比较两个不同的检索系统的检索结果，最好是在相同的文本测试集上进行。一般情况下，一个文本测试集应该具备以下几个方面的内容。

（1）一个大规模的文档集。通常应该包括数十万个文档。

（2）一定数量的查询。根据已经开展的实验数据分析，通常50个以上即可。

（3）相关性判断结果集。理想情况下，应由人工对每一个查询标注出相应的相关性文档集。

需要说明的是，人工标注相关性的结果是依赖于人的，不同的人对于同一个查询所标注的结果是不同的，有时候可能差异非常大。这可能会影响对信息系统的评价结论，但是对于实验室中的实验，只能依靠测试集进行大致的评价。

TREC 是美国国家标准技术研究所组织的年度信息检索会议。经过多年的努力，建立了 TREC Ad-Hoc 测试集。常用的是 1992—1999 年形成的 8 次会议（TREC-1~TREC-8）所用的测试集（见表 5.1），由 disk1~disk5 构成，每部分都包含了若干个文档子集，共约 189 万个文档、400 个查询及对应的相关性判断结果。表 5.1 是这 8 次会议 Ad-Hoc 任务的语料信息。参考文献[3]对 TREC 评价过程进行了较为细致的介绍。TREC 更多的信息见其官方资料（见参考文献[4]）。参考文献[5]是 TREC 年度信息检索会议的介绍。

表 5.1　1992—1999 年 TREC 语料信息

TREC	Task	Documents	Topics
TREC-1	ad Hoc	disks 1 & 2	51～100
TREC-2	ad Hoc	disks 1 & 2	101～150
TREC-3	ad Hoc	disks 1 & 2	151～200
TREC-4	ad Hoc	disks 2 & 3	201～250
TREC-5	ad Hoc	disks 2 & 4	251～300
TREC-6	ad Hoc	disks 4 & 5	301～350
TREC-7	ad Hoc	disks 4 & 5 (no CR)	351～400
TREC-8	ad Hoc	disks 4 & 5 (no CR)	401～450

5.2 无序检索结果的评价

1. 正确率和召回率

对检索结果总的要求是所返回的结果即准确又全面。评价信息检索结果的两个基本指标是正确率和召回率，这两个概念较早在参考文献[6]中使用。

正确率（Precision）：也被称为查准率、精度，反映的是检索系统的返回结果集中相关文档所占的比例。

召回率（Recall）：也被称为查全率，反映的是检索系统的返回结果集中相关文档所占全部相关文档的比例。

$$\text{Precision}=\frac{\text{返回结果集中的相关文档数}}{\text{返回结果集的文档总数}}$$

$$\text{Recall}=\frac{\text{返回结果集中的相关文档数}}{\text{全部相关文档数}}$$

正确率与召回率的图示解释如图 5.1 所示。

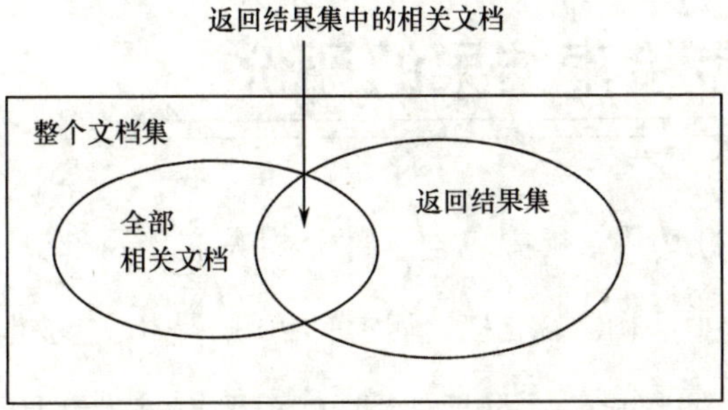

图 5.1 正确率与召回率的图示解释

正确率的不足之外是没有考虑相关文档的总数。假设系统返回的 10

篇文档中有 8 篇是相关文档，则正确率为 0.8。如果实际中全部相关文档为 8 篇的话，则这个系统是非常好的，但是如果全部相关文档的数目为几百个或更多的话，则该系统就不是好的系统。

召回率考虑了全部相关文档的总数，其不足之处一是实际中很难知道全部相关文档是哪些；二是可以单纯地通过提高返回结果集的文档数来提高查全率，极端的例子是返回整个文档集，此时查全率达到最大值 1。

2. *F* 值指标

一种综合了正确率与召回率的评价指标是 *F* 值方法，较早由 van Rijsbergen 引入[7]。*F* 值是二者的调和平均值。

$$F=\frac{1}{\alpha\frac{1}{\text{Precision}}+(1-\alpha)\frac{1}{\text{Recall}}}$$

其中，$\alpha\in[0,1]$，Precision 为正确率，Recall 为召回率。

5.3 排序检索结果的评价

检索系统的返回结果中包含了部分相关文档及部分不相关文档。假设检索系统返回了 100 篇文档，其中有 20 篇是相关文档，但是在显示时如果这 20 篇文档都显示在最后位置，由于用户一般都是从前往后顺序浏览文档，那么上述情况对用户来讲是非常糟糕的。用户可能会在浏览了前 30 篇文档后放弃该检索结果，认为该系统检索性能太差。因此，对检索系统而言，应该将返回的结果文档按照相关度从大到小排序，使得相关文档尽可能排在前面。

1. 平均正确率均值

平均正确率均值 MAP（Mean Average Precision）是排序查询结果评价的主要指标之一。对于单个查询，首先计算返回结果集中的每篇相关文档处的正确率，这些正确率的平均值称为平均正确率。然后再对一组查询的平均正确率求平均，所得结果为 MAP。

设 Q 是一组查询的集合，对任意 $q_i \in Q$，其检索返回结果集中的相关文档为$\{d_1, d_2, \cdots, d_{mi}\}$，Precision($d_j$)为相关文档 d_j 处的正确率。则平均正确率均值 MAP 的计算公式为：

$$\mathrm{MAP}(Q) = \frac{1}{|Q|}\sum_{i=1}^{|Q|}\frac{1}{\mathrm{mi}}\sum_{j=1}^{\mathrm{mi}}\mathrm{Precision}(d_j)$$

使用 MAP 要求一定数量的查询，研究表明，50 个以上查询即可具有一定的代表性。因此，TREC 会议一般均指定 50 个查询作为测试依据。

2. 前 N 个结果的正确率

对用户而言，更为现实的评价是返回结果集中前面的若干个结果中相关文档有多少个，特别是普通的 WEB 用户更是如此。前 N 个结果的正确率（$P@N$）正是反映这种评价的指标。

$$P@N = \frac{N\text{个结果中的相关文档数}}{N}$$

常用的有 $P@5$、$P@10$ 和 $P@20$ 等。

5.4 小结与讨论

信息检索测试集是对信息检索系统评价的基础。本章首先介绍了信息检索研究中通用的 TREC 测试集。然后，分别介绍了无序检索结果和排序检索结果的评价方法，包括正确率、召回率、F 值指标、平均正确率均值，以及前 N 个结果的正确率等几种常用的评价方法。本书后面的实验评价综合使用了 MAP、$P@10$ 和 $P@20$ 评价指标。MAP 代表了平均检索性能，而 $P@10$ 和 $P@20$ 体现了实际用户的关注点，这三个指标综合起来，既反映了整体的检索性能，又体现了用户的关注点，基本能够反映出检索模型的优劣。

检索性能依赖于测试集。在某个测试集上训练得到的模型，在该测试集上往往表现不错，但在其他测试集上性能往往会下降。因此，检索模型的泛化能力是评价的一项重要指标。

参 考 文 献

[1] Christopher D. Manning，Prabhakar raghavan，Hinrich Schütze. Introduction to Information Retrieval. Cambridge University Press，2009.

[2] Croft W B，Metzler D，Strohman T. Search engines: Information retrieval in practice. Reading: Addison-Wesley，2010.

[3] Voorhees Ellen M. and Donna Harman. TREC: Experiment and Evaluation in Information

Retrieval. MIT Press，2005.

[4] http://trec.nist.gov.

[5] PEllen M. Voorhees，PDonna Harman. The text retrieval conferences （TRECS）. Annual meeting of the ACL，1998 : 241-273.

[6] Kent Allen，Madeline M. Berry，Fred U. Luehrs，et al. Machineliterature searching VIII. Operational criteria for designing information retrieval systems. AmericanDocumentation，1955，6（2）:93-101.

[7] van Rijsbergen，Cornelis Joost. Information Retrieval，2nd edition. Butterworths，1979.

第6章

伪相关文档反馈需求域模型信息检索

本章主要讨论并分析伪相关文档反馈机制下的需求域模型信息检索。首先分析伪相关文档反馈机制下需求域的特点，然后介绍上界去噪模型，接着设计一系列实验，分别对去噪性能、去噪参数、相似度参数和伪相关文档反馈的文档数目参数进行模型训练和实验分析，根据实验结果分析模型的有效性。

6.1　伪相关文档反馈机制

建立信息需求域（Information Need Domain, IND）可以采用两种机制，一种是用户相关文档反馈机制，另一种是伪相关文档反馈机制。本章讨论使用伪相关文档反馈机制建立信息需求域。

伪相关文档反馈机制利用初始查询的前 n 个文档作为相关文档子集 L 构建信息需求域，由于这 n 个文档不一定都是与用户需求相关的，所以称为伪相关文档反馈。

伪相关文档反馈中，由于下界是文档子集 L 中全部文档的交集，只要 L 中有一篇文档是与用户真相关的文档，则下界中的信息就是真相关信息，从而很好地捕获了相关信息。而上界是 L 中全部文档的并集，包含了 L 中全部相关文档和不相关文档，所以上界中的信息有噪声，因此需要去噪。

伪相关文档反馈的优点是不需要用户参与，缺点是噪声大。

6.2　需求域去噪

设从初次检索结果中取前 n 个文档作为相关文档子集 L，构建信息需求域。设 $L=\{d_1,d_2,\cdots,d_n\}$，按照需求域模型的思想，在本书 6.1 节中已经分析到，只要有 1 个真相关文档，下界中的信息即为相关文档中的信息。但是，上界却包含了很多的不相关文档，因此有必要为上界去噪。这样做的好处是，一方面可以提高检索效率，另一方面也能提高检索速度。

去噪的目的是将不相关的、对检索结果影响不大的词项尽可能地从上界中去掉。分析 L 中的各个词项，各个词项的重要性是不同的。直观的认为是，词项出现在同一篇文档中的次数越多，说明该词项越重要。同样，包含该词项的文档数越多，说明该词项越重要。因此，有以下两个假设。

（1）若词项 t 在 L 中的某篇文档中出现的次数越多，则说明该词项 t 越重要。

（2）若 L 中包含词项 t 的文档数越多，则说明该词项 t 越重要。

为此，定义词项的词项频率和文档频率。

定义 6.1　词项 t_i 在文档 d_j 中的词项频率[4,5] tf_{t_i,d_j} 定义为 t_i 在文档 d_j 中出现的次数 m_{t_i} 与文档 d_j 的长度 L_{d_j} 的比值，即，

$$\mathrm{tf}_{t_i,d_j}=\frac{m_{t_i}}{L_{d_j}}$$

定义 6.2　词项 t_i 在 L 中的总词项频率 $\mathrm{tf}_{t_i,L}$ 为 t_i 在各个文档中的词项频率之和，即，

$$\mathrm{tf}_{t_i,L}=\sum_{j=1}^{n}\mathrm{tf}_{t_i,d_j}$$

定义 6.3　设在 L 中，词项 t_i 的文档频率 $\mathrm{df}_{t_i,L}$ 为 L 中包含 t_i 的文档数 k_{t_i} 与 L 中的文档总数 n 的比值。相对于词项词频 $\mathrm{tf}_{t_i,L}$，文档词频 $\mathrm{df}_{t_i,L}$ 的值较大。为了使两者基本平衡，给 $\mathrm{df}_{t_i,L}$ 除以一个数（这里为 100），以降

低其值。这里的 100 是根据实验的观察值得到的，实验发现文档词频大约是词项词频的 100 倍。所以，定义文档词频 $\mathrm{df}_{t_i,L}$ 为：

$$\mathrm{df}_{t_i,L}=\frac{k_{t_i}}{n\times 100}$$

其中，k_{t_i} 为 L 中包含词项 t_i 的文档数。

定义 6.4 词项 t_i 在 L 中的权重 w_{t_i} 为词项频率与文档频率之和，即，

$$w_{t_i}=\mathrm{tf}_{t_i,L}+\mathrm{df}_{t_i,L}$$

在该模型中，取词项频率与文档频率两者的和作为词项的权重，这是因为加法表示“或”的关系。即，只要 $\mathrm{tf}_{t_i,L}$ 或 $\mathrm{df}_{t_i,L}$ 两者中有一个取值大，则认为对应的词项 t_i 是重要的，只有两者取值都小时，词项 t_i 才是不重要的。

在这个模型中，词项的重要性权重由两部分构成：词项频率和文档频率。两者对词项重要性的影响地位相同。

设定一个阈值 β，将重要性 $w_{t_i}<\beta$ 的词项作为噪声从上界中去掉。本章后续的实验训练观察值显示，β 的建议值为 0.01。

6.3 伪相关文档反馈机制的模型分析

在伪相关文档反馈机制下，为了检验其性能，需要考虑、分析和实验验证的问题及解决方法包括以下几个方面。

第一，需要选取多少个伪相关文档比较合适？目标是在伪相关文档反馈数目尽可能少的情况下，检索性能得到尽可能大的提高。

（1）当只选取一篇相关文档时，此时所建立的下界、上界相同，即

$\underline{R}=\overline{R}$。此时，$\mathrm{sim}(d,I)=\alpha\mathrm{Sim}_1(d,\underline{R})+(1-\alpha)\ \mathrm{Sim}_2(d,\overline{R})=\mathrm{Sim}_1(d,\underline{R})$。但是此种情况在伪相关文档反馈机制下没必要出现，因为伪相关文档反馈不需要用户参与标注文档的相关性，系统只需自动从初始查询中选取前两个以上的文档即可。

（2）检索性能关于伪相关文档反馈文档数目是否是稳定的？

在信息检索中，用户的信息需求是一个有限的语义范围。这意味着信息需求域所包含的语义也是一个有限的范围。随着伪相关反馈文档数目的增加，信息需求域所包含的语义逐步增加，但不能无限增加，而应该是相对稳定的。体现在检索性能上，随着伪相关反馈文档数目的不断增加，信息需求域的语义不断增加，并不断接近用户的需求语义，检索性能也不断增加。当这种增加达到一定程度时，信息需求域的语义达到其稳定值，对应的检索性能也变得相对稳定。这种情形表明，所建立的信息需求域模型具有好的语义概括能力，同时具备了好的数学分析性质。反之，如果需求域的语义随着反馈文档数目的增加而剧烈变化，则说明所建立的需求域模型的语义概括能力较差，性能不稳定。

第二，检索性能是否关于参数 α 存在一个最佳取值？

在需求域模型中，相似度模型为 $\mathrm{Sim}(d_k,I,\alpha)=\alpha\mathrm{Sim}_1(d_k,\underline{R})+(1-\alpha)\mathrm{Sim}_2(d_k,\overline{R})$，其中，$0\leqslant\alpha\leqslant1$。如果存在参数 α 的一个取值，使得模型的检索性能达到最优，则说明模型具有好的数学分析性质，模型针对参数 α 是可以优化的。反之，如果检索性能关于参数 α 不稳定，则表明模型的数学分析性质不好，所建立的模型是不理想的。

第三，上界去噪模型的去噪能力如何？

上界模型为$\overline{R}(L)$=($x \in V| x \in \cup \text{term}_i$, i=1,2,⋯,n)$\cup \text{term}_q$。在伪相关文档反馈机制下，若 L 中包含有不相关文档，则意味着上界$\overline{R}(L)$中有噪声，需要去噪。

所建立的上界去噪模型为 $w_{t_i} = \text{tf}_{t_i,L} + \text{df}_{t_i,L}$，设定一个阈值 β，将重要性 $w_{t_i} < \beta$ 的词项作为噪声从上界中去掉。需要通过实验检验去噪能力，即去噪后检索性能是否有所提升，并且分析确定一个 β 的取值。

为了验证分析上述问题，进行了一系列实验。具体的实验设置如下。

（1）实验语料集取自 TREC-1（disk1&2）语料集中的 WSJ、AP 集，见表 6.1。

表 6.1　实验所用语料集信息

Name	Description	#Docs	Queries
WSJ	Wall St. Journal 87～92	173252	51～100
AP	Assoc. Press 88～89	164597	51～100

（2）实验中，使用 Lemur（http://www.lemurproject.org）工具建立索引，使用停用词表 stoplist.dft 去掉停用词，使用 Porter 算法进行词干化，使用 Top 1000 作为检索返回结果文档集进行性能分析。

6.3.1　去噪性能分析与实验

本书 6.2 节中分析到，在伪相关文档反馈情况下，信息需求域的上界中包含了许多的不相关文档，因此有必要为上界去噪。该组实验要检验本书 6.2 节中给出的去噪方法是否有效。

实验设置为：（1）n=7，即伪相关文档数为 7；（2）参数α取 0，0.1，0.2，…，0.9，1 之间的 11 个值；（3）参数β取值 0.01；（4）实验中使用的 Lemur 的检索参数为 mixfb_kl_dir_param，以该检索模型作为初始查询。

实验使用编号为 51～100 的一组 query，分别在 WSJ 和 AP 两个测试集上进行。为了对比去噪模型的效果，分别在两个测试集上进行了去噪后的检索和不去噪的检索。对检索性能的评价考虑了 MAP、*P*@5、*P*@10 和 *P*@20 共四个指标。为了更为直观地对比实验结果，给出了去噪与不去噪情况下 MAP 关于α的曲线图。

1. 在 WSJ 上的分析

在 WSJ 测试集上的实验结果数据反映在表 6.2 和表 6.3 中。表 6.2 为去噪情况下的检索性能，表 6.3 为不去噪情况下的检索性能。去噪和不去噪情况下 MAP 关于参数α的曲线图如图 6.1 所示。

表 6.2　WSJ 上的去噪实验结果

α	0	0.1	0.2	0.3	0.4	0.5
MAP	0.2357	0.2646	0.2745	0.2772	0.2776	0.2768
***P*@5**	0.4800	0.4920	0.4880	0.5040	0.4960	0.4880
***P*@10**	0.4480	0.4500	0.4580	0.4600	0.4520	0.4580
***P*@20**	0.3790	0.4070	0.4100	0.4180	0.4250	0.4230
α	0.6	0.7	0.8	0.9	1.0	
MAP	0.2749	0.2735	0.2700	0.2640	0.2608	
***P*@5**	0.4880	0.4680	0.4560	0.4480	0.4400	
***P*@10**	0.4620	0.4580	0.4460	0.4400	0.4460	
***P*@20**	0.4240	0.4220	0.4200	0.4180	0.4160	

表 6.3　WSJ 上的不去噪实验结果

α	0	0.1	0.2	0.3	0.4	0.5
MAP	0.1860	0.2459	0.2641	0.2717	0.2740	0.2724
P@5	0.4840	0.4920	0.4920	0.5000	0.4960	0.4720
P@10	0.4260	0.4520	0.4580	0.4600	0.4580	0.4520
P@20	0.3570	0.4090	0.4250	0.4210	0.4220	0.4240
α	0.6	0.7	0.8	0.9	1.0	
MAP	0.2713	0.2696	0.2641	0.2625	0.2608	
P@5	0.4560	0.4480	0.4400	0.4400	0.4400	
P@10	0.4560	0.4580	0.4400	0.4380	0.4460	
P@20	0.4210	0.4210	0.4210	0.4190	0.4160	

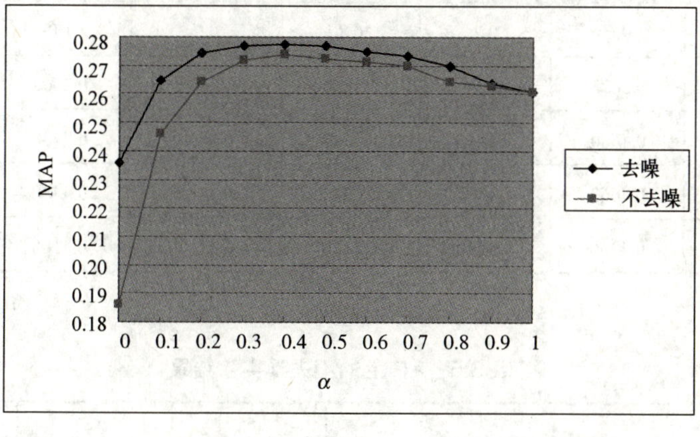

图 6.1　WSJ 集上去噪与不去噪的 MAP 关于 α 的曲线图

在 WSJ 上的实验数据中，从表 6.2 和表 6.3 中得出，当 α=0 时，即只考虑上界时，$\mathrm{sim}(d,I)=\alpha\mathrm{Sim}_1(d,\underline{R})+(1-\alpha)\,\mathrm{Sim}_2(d,\overline{R})=\mathrm{Sim}_2(d,\overline{R})$，此时去噪比不去噪的 MAP 提高了（0.2357−0.1860）÷0.1860=26.72%。

2. 在 AP 上的分析

表 6.4、表 6.5 及图 6.2 是关于 AP 上的相应实验结果。其中，表 6.4 和表 6.5 分别为去噪和不去噪情况下的检索性能。去噪和不去噪情况下 MAP 关于参数 α 的曲线图如图 6.2 所示。

表 6.4　AP 上的去噪实验结果

α	0	0.1	0.2	0.3	0.4	0.5
MAP	0.2793	0.3042	0.3080	0.3050	0.3002	0.2942
***P*@5**	0.4600	0.4680	0.4760	0.4840	0.4840	0.4800
***P*@10**	0.4480	0.4520	0.4620	0.4680	0.4660	0.4600
***P*@20**	0.4160	0.4370	0.4430	0.4500	0.4430	0.4400
α	0.6	0.7	0.8	0.9	1.0	
MAP	0.2878	0.2815	0.2768	0.2721	0.2669	
***P*@5**	0.4680	0.4640	0.4720	0.4600	0.4440	
***P*@10**	0.4660	0.4580	0.4540	0.4520	0.4420	
***P*@20**	0.4350	0.4240	0.4220	0.4160	0.4100	

表 6.5　AP 上的不去噪实验结果

α	0	0.1	0.2	0.3	0.4	0.5
MAP	0.2571	0.2896	0.2907	0.2872	0.2838	0.2802
***P*@5**	0.4360	0.4480	0.4520	0.4640	0.4720	0.4640
***P*@10**	0.4360	0.4480	0.4500	0.4500	0.4500	0.4540
***P*@20**	0.4120	0.4360	0.4340	0.4300	0.4280	0.4150

（续表）

α	0.6	0.7	0.8	0.9	1.0	
MAP	0.2763	0.2740	0.2717	0.2692	0.2669	
***P*@5**	0.4640	0.4680	0.4640	0.4640	0.4440	
***P*@10**	0.4520	0.4520	0.4520	0.4500	0.4420	
***P*@20**	0.4130	0.4140	0.4110	0.4140	0.4100	

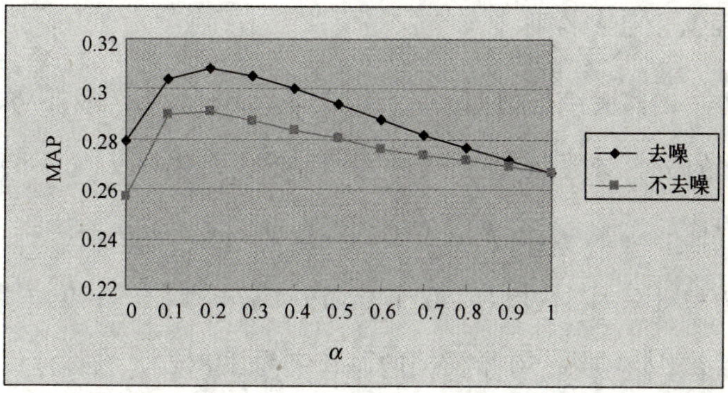

图 6.2　AP 集上去噪与不去噪的 MAP 关于 α 的曲线图

在 AP 上的实验数据中，从表 6.4 和表 6.5 中分析得出，当 $\alpha=0$ 时，去噪比不去噪的 MAP 提高了（0.2793−0.2571）÷0.2571=8.63%。

综合对比 WSJ 和 AP 上的两组实验数据，以及图 6.1 和图 6.2 反映出的 MAP 曲线图，可以得知，上界去噪可以不同程度地提高检索的性能，这说明所建立的去噪模型是有效的。

6.3.2　去噪参数 β 的取值分析与实验

在验证了去噪模型的有效性之后，进一步验证参数 β 的取值情况对检索性能的影响。实验需要验证以下三点：（1）参数 β 的取值对上界中词项数目的影响；（2）参数 β 的取值对检索性能的影响；（3）检索性能关于参数 β 是否存在极值点。

实验中，伪相关反馈数目 n=7。使用的查询 query 编号为 50～100，并分别在 WSJ 和 AP 两个测试集上进行实验。为了检验去噪参数 β 对检索性能的影响，取 α=0，即只考察上界检索的结果。

1. 在 WSJ 上的分析

WSJ 上的实验结果数据图表分别为表 6.6、表 6.7 及图 6.3，表 6.6 是在不同的去噪参数 β 下去噪后的词项数目，表 6.7 为不同取值下的 MAP，对应的 MAP 关于 β 取值的曲线图如图 6.3 所示。

在 WSJ 上，实验显示，50 个 query（编号为 51～100），每个 query 取 Top 7 个文档，共 350 个文档的总长度为 338122，去掉停用词后总长度为 183524，平均文档长度为 183524÷50÷7=524.4，总的词项数是 86671（没有重复的），其去噪权重的值的范围为 0.002054～0.323174。

表 6.6　WSJ 上不同 β 去噪后的词项数目

β 值	0	0.005	0.01	0.015	0.02	0.025	0.05	0. 1	0. 2	0.3
词项数目	86671	28102	10099	4954	2954	1917	465	97	12	2

表 6.7　WSJ 上参数 β 的不同取值下的 MAP

β 值	0	0.005	0.01	0.015	0.02	0.025	0.05	0. 1
MAP	0.1860	0.2308	0.2357	0.2220	0.2231	0.2225	0.2214	0.2075

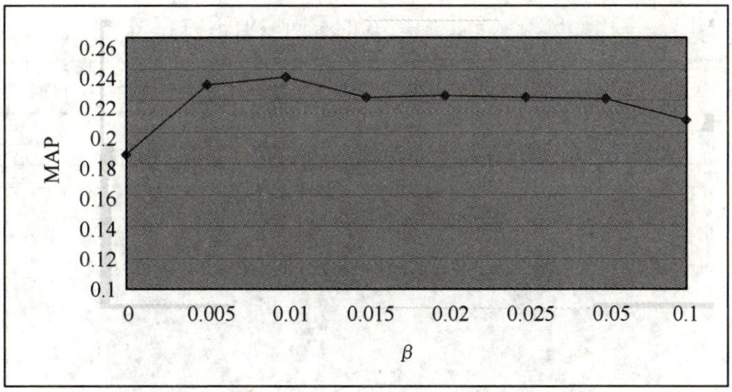

图 6.3 WSJ 集上 MAP 关于参数 β 的曲线图

从表 6.6 和图 6.3 可以看到，在有效减少上界中词项的同时，检索性能也得到了提高。当 β=0.01 时，MAP 取得了一个极大值。

2. 在 AP 上的分析

AP 上的实验结果对应表 6.8、表 6.9 及图 6.4，在不同的去噪参数 β 下，去噪以后的词项数目见表 6.8，表 6.9 为不同取值下的 MAP，对应的 MAP 关于 β 取值的曲线图如图 6.4 所示。

实验显示，在 AP 上，50 个 query（编号为 51～100）各取 Top 7 个文档，共 350 个文档的总长度为 203280，去掉停用词后为 111314，平均文档长度为 111314÷50÷7=318.0，总的词项数是 54122（没有重复的），其权重的值范围为 0.002886～1.001429。

表 6.8 AP 上不同 β 去噪后的词项数目

β 值	0	0.005	0.01	0.015	0.02	0.025	0.05	0.1	0.2	0.3
词项数目	54122	27219	10444	5553	3438	2394	587	164	33	11

表 6.9　AP 上参数 β 的不同取值下的 MAP

β 值	0	0.005	0.01	0.015	0.02	0.025	0.05	0.1
MAP	0.2571	0.2648	0.2793	0.2757	0.2675	0.2597	0.2532	0.2386

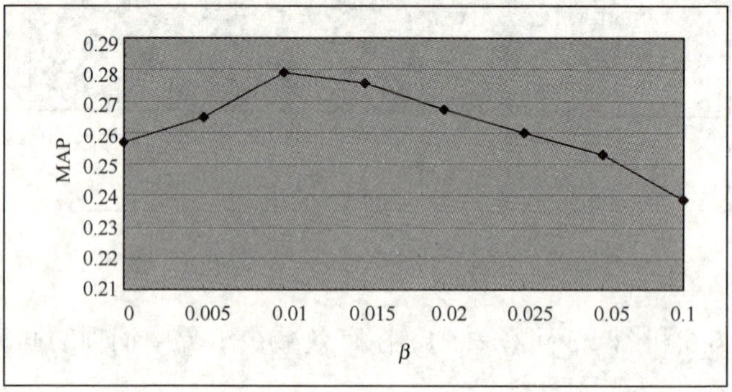

图 6.4　AP 集上 MAP 关于参数 β 的曲线图

从表 6.8 和图 6.4 中的分析同样得到，在 AP 集上去噪模型也可以有效地减少上界中的词项，同时检索性能得到了提高。当模型参数 β=0.01 时，得到 MAP 的一个极大值。

对于参数 β，实验显示 0.005≤β≤0.015 时，检索性能 MAP 可以取得极大值。对于这一结论，使用了表 6.10 所示的另外两组 query 分别在 WJS 和 AP 上进行了验证，验证结果显示，当 0.005≤β≤0.015 时，检索性能 MAP 可以取得极大值。据此，给出 β 的一个建议取值为 0.01。从本书 6.4 节中的分析发现，β 取值 0.01 并非巧合，是有客观原因的。

表 6.10　验证实验的设置

Name	Description	#Docs	Test queries
WSJ	Wall St. Journal 87~92	173252	101～150,151~200
AP	Assoc. Press 88~89	164597	101～150,151~200

6.3.3 参数 α 的取值分析与实验

相似度模型 $sim(d_k,I)=\alpha Sim_1(d_k,\underline{R})+(1-\alpha)\,Sim_2(d_k,\overline{R})$中，参数 α 的取值对检索结果有重要的影响。为此，需要通过实验分析验证以下两点：（1）参数 α 的取值对检索性能的影响；（2）检索性能是否存在关于参数 α 的最佳取值。

该组实验主要针对参数 α 的取值进行。为了对比，仍然在 WSJ 和 AP 两个测试集上进行实验。

实验设置为：（1）去噪参数 $\beta=0.01$；（2）反馈文档数目 $n=7$；（3）在不同的参数 α 取值水平下，考察检索性能。参数 α 分别取 0，0.1，0.2，…，1 共 11 个水平指标。

1. 在 WSJ 上的分析

表 6.11 是 WSJ 上 α 的不同取值下检索结果的 MAP 值，对应的曲线图如图 6.5 所示。

表 6.11 WSJ 集上 MAP 关于参数 α 的取值

α	**0**	**0.1**	**0.2**	**0.3**	**0.4**
MAP	0.2357	0.2646	0.2745	0.2772	0.2776
0.5	**0.6**	**0.7**	**0.8**	**0.9**	**1.0**
0.2768	0.2749	0.2735	0.2700	0.2640	0.2608

表 6.11 和图 6.5 显示，在 WSJ 测试集上，检索性能关于参数 α 存在最佳取值。当 $\alpha=0.4$ 时，MAP 达到极大值。

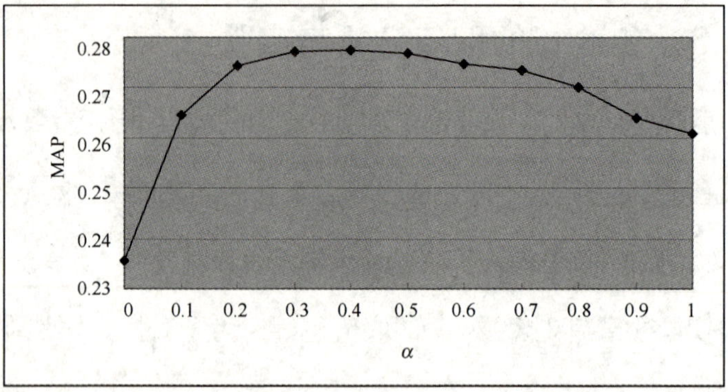

图 6.5　WSJ 集上 MAP 关于参数 α 的曲线图

2. 在 AP 上的分析

表 6.12 是 AP 上 α 的不同取值下检索结果的 MAP 值，对应的曲线图如图 6.6 所示。

表 6.12　AP 集上 MAP 关于参数 α 的取值

α	0	0.1	0.2	0.3	0.4	0.5
MAP	0.2793	0.3042	0.3080	0.3050	0.3002	0.2942
α	0.6	0.7	0.8	0.9	1.0	
MAP	0.2878	0.2815	0.2768	0.2721	0.2669	

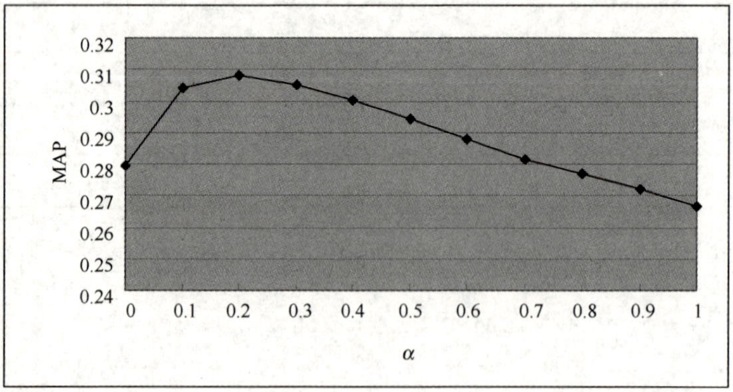

图 6.6　AP 集上 MAP 关于参数 α 的曲线图

表 6.12 和图 6.6 显示，在 AP 上，检索性能 MAP 关于参数 α 存在最佳取值。当 α=0.2 时，MAP 获得极大值。

对于参数 α，实验显示 $0.2 \leqslant \alpha \leqslant 0.4$ 时，检索性能 MAP 可以取得极大值。实验使用了表 6.10 所示的另外两组 query 分别在 WSJ 和 AP 上进行了验证，验证结果显示，当 $0.2 \leqslant \alpha \leqslant 0.4$ 时，检索性能 MAP 可以取得极大值。据此，给出 α 的一个建议值为 0.3。

6.3.4　伪相关反馈文档数目及稳定性分析与实验

本组实验验证伪相关反馈的文档数目对 MAP 的影响，并检验检索性能关于伪相关反馈文档数目是否是稳定的。

实验设置为：（1）在不同的反馈文档数目 n 下，考察检索性能。实验中 n 分别取 3,5,7，…，21 共 10 个不同的取值；（2）去噪参数 β=0.01；（3）取 α=0.3。

在 WSJ 和 AP 上都使用编号为 51～100 的一组 query 进行实验。

1. 在 WSJ 上的分析

在 WSJ 上，表 6.13 是在 n 的不同取值下检索得到的 MAP 结果，对应的 MAP 关于伪相关文档反馈数目 n 的曲线图如图 6.7 所示。

表 6.13　WSJ 上 MAP 关于反馈文档数目 n 的取值

n	3	5	7	9	11	13	15	17	19	21
MAP	0.2379	0.2604	0.2772	0.2789	0.2830	0.2840	0.2813	0.2826	0.2826	0.2833

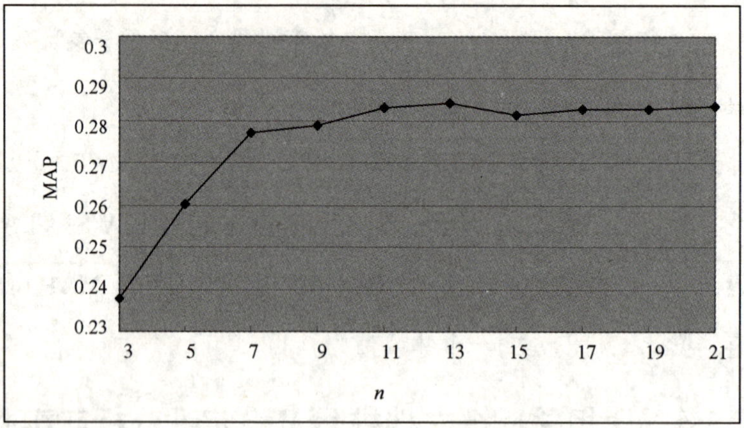

图 6.7　WSJ 集上 MAP 关于反馈文档数目 *n* 的曲线图

从 WSJ 测试集上的数据表和数据图中分析，可以得到以下结论：在一个适当的伪相关反馈文档数目 *n* 的取值范围内，随着 *n* 的增大，MAP 的取值逐步趋于稳定。这反映出所建立的信息需求域在需求语义上是稳定的。这是非常良好的性质，表明信息需求域不会因为伪相关反馈的文档数目的增多而出现漂移，很好地捕获了需求语义，具有良好的需求概括能力。

2. 在 AP 上的分析

在 AP 上，关于 *n* 的不同取值下检索得到的 MAP 结果见表 6.14，对应的 MAP 关于伪相关文档反馈数目 *n* 的曲线图如图 6.8 所示。

表 6.14　AP 上 MAP 关于反馈文档数目 *n* 的取值

n	3	5	7	9	11
MAP	0.2952	0.3117	0.3050	0.3062	0.3038
n	13	15	17	19	21
MAP	0.3085	0.3158	0.3115	0.3121	0.3143

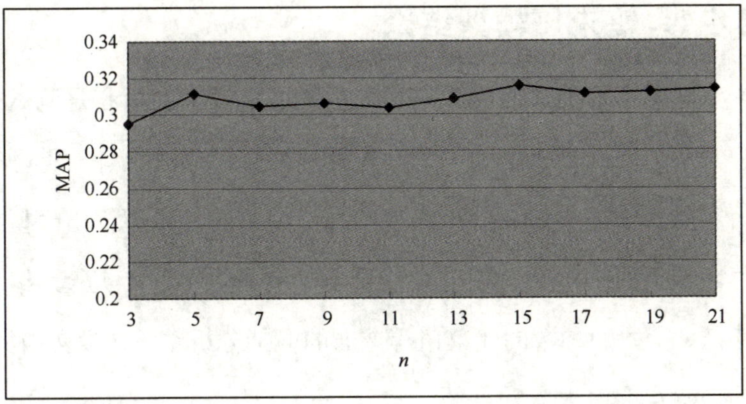

图 6.8　AP 集上 MAP 关于反馈文档数目 *n* 的曲线图

在 AP 测试集上得到的数据表和数据图表明，反馈文档数目对于检索性能影响的结论与 WSJ 上的结论相同。

对于反馈文档数目 *n*，实验显示 $n \geqslant 9$ 时，检索性能 MAP 开始趋于稳定。对于这一结论，进一步使用了表 6.10 所示的另外两组 query 分别在 WJS 和 AP 上进行了验证，验证结果与上述结论一致。

6.4　伪相关文档反馈机制下的需求域模型结论

本书讨论了通过界定用户信息需求范围的方法去概括用户的需求意图，从而建立描述用户需求的一种方法。结合上述一系列伪相关文档反馈机制下的模型训练和实验分析，可以发现所建立的模型能够捕获需求语义。实验结果表明需求域模型信息检索在理论上是完备的，在实践中是可行的。

6.4.1 需求域模型结论

本节试图尽可能深入地训练和分析模型，其中的核心是测试需求域对用户真实需求的概括能力，为此设计和进行了一系列针对模型的训练和分析实验。模型训练和分析实验的另一个目的是希望给出模型参数的建议值。根据所进行的伪相关文档反馈机制下的一系列实验，给出在模型的特点、模型的参数的建议值等方面的概括分析结论。设文档集为 D，用户的初始查询请求为 q。

（1）伪相关文档反馈的文档子集为 L，$L=\{d_1,d_2,\cdots,d_n\}$，n 的建议值为 11。

（2）根据文档子集 L 建立的信息需求域为 $I=(\underline{R}(L), \overline{R}(L))$，其中，

需求域的下界 $\underline{R}(L)=(x \in V | x \in \cap \text{term}_i, i=1,2,\cdots,n) \cup \text{term}_q$；

需求域的上界 $\overline{R}(L)=(x \in V | x \in \cup \text{term}_i, i=1,2,\cdots,n) \cup \text{term}_q$。

其中，term_i 为文档 d_i 的词项集，$i=1,2,\cdots,n$；term_q 为初始查询 q 的词项集。

（3）上界去噪模型为：$w_{t_i} = \text{tf}_{t_i,L} + \text{df}_{t_i,L}$。设定一个阈值 β，将重要性 $w_{t_i} < \beta$ 的词项从上界中去掉。实验显示，MAP 关于上界去噪参数 β 存在一个极大值，说明模型针对参数 β 可以取得一个最佳值。β 的建议值为 0.01。

针对参数 β 的实验显示，参数 β 的最佳观察取值为 0.01，这一点实际上与去噪模型及需求域模型的本质是一致的。分析如下。

去噪模型中去噪权重 $w_{t_i}=\mathrm{tf}_{t_i,L}+\mathrm{df}_{t_i,L}=\sum_{j=1}^{n}\frac{m_{t_i}}{|d_j|}+\frac{k_{t_i}}{n\times 100}$。其中，

$\mathrm{df}_{t_i,L}=\frac{k_{t_i}}{n\times 100}$，$k_{t_i}$ 为包含词项 t_i 的文档数，n 为文档子集 L 的文档数，m_{t_i} 为 t_i 在文档 d_j 中出现的次数，$|d_j|$与文档 d_j 的长度。当 $k_{t_i}=n$ 时，即词项 t_i 出现在 L 中的所有文档中时，也即 $t_i\in\underline{R}$ 时，$\mathrm{df}_{t_i,L}$ 取得了最大值 0.01，此时 $w_{t_i}\geqslant 0.01$。这意味着 β=0.01 时，去掉的是 $w_{t_i}<\beta=0.01$ 的词项，这样就确保了 $\overline{R}$ 中的 $\underline{R}$ 部分没有一个词项被去掉。意味着 L 中各个文档的共同部分没有被去掉，这部分词项是用户需求集中关注的内容。而被去掉的词项是($\overline{R}-\underline{R}$)中的一些词项。这部分内容是用户信息需求的延伸和扩展部分。这一方面反映出去噪模型的合理性，另一方面也反映了需求域模型较好的语义概括能力。

（4）检索模型为：$\mathrm{sim}(d_k,I)=\alpha\mathrm{Sim}_1(d_k,\underline{R})+(1-\alpha)\ \mathrm{Sim}_2(d_k,\overline{R})$。其中，$\mathrm{Sim}_1$ 和 Sim_2 均为统计语言模型。参数 α 的建议值为 0.3。MAP 关于下界、上界权重参数 α 存在最佳取值，表明模型针对参数 α 可以进行优化分析。通过实验发现，对于参数 α 的不同取值变化，检索性能的变化是平滑的，未出现剧烈的上下波动的现象。

（5）在适当的反馈文档数目范围内，MAP 相对文档数目参数 n 是稳定的，说明信息需求域概括的语义相对反馈文档数目是稳定的。在信息检索的伪相关反馈研究中，一种可能的非常糟糕的现象是：所建立的模型对反馈文档数目的变化非常敏感，检索性能甚至出现明显的起伏。与

预期一样，所建立的模型没有出现这个现象。在该模型中，在适当的反馈文档数目 n 的取值范围内，检索性能逐步趋于稳定，表明需求域具有较好的需求语义概括能力，能够界定用户的真实需求意图。

（6）对于文档集 D 中的所有文档 d_k，按照其相似度由大到小排序。

需要提到的是，对于上述需求域信息检索模型中涉及的三个参数 α、β 及 n，这里给出的是其建议值，实际应用中，针对具体的文档集 D，可通过实验等方法得到更佳的取值，从而取得更好的检索性能。

6.4.2 检索性能对比实验分析

上述系列实验是关于伪相关文档反馈机制下的模型训练与分析实验，为了验证该机制下的信息检索模型的有效性，设计并进行检索性能对比实验。

实验验证以 Lemur 下提供的基本的语言模型（参数为 Simple_kl_dir）为基线，将信息需求域模型的检索结果与 Lemur 下提供的伪相关反馈语言模型（参数为 Mixfb_kl_dir）、伪相关反馈 tf_idf 模型（参数为 Fb_tf_idf）及伪相关反馈概率模型（参数为 Fb_okapi）共三种典型的伪相关反馈模型的检索结果进行比较。其中，KL 方法（参数为 Simple_kl_dir）见参考文献[1]，混合 KL 方法（参数为 Mixfb_kl_dir）见参考文献[2]。上述四种模型的参数设置均使用 Lemur 提供的默认参数设置，详见本章附录。

伪相关文档反馈机制下需求域信息检索的实验设置采用了本书 6.4.1 节总结的参数设置。即，取 n=11，β=0.01，α=0.3。

实验中，在 WSJ、AP 上利用三组 query，编号分别为 51～100、101～150 和 151～200，建立需求域进行伪相关文档反馈交叉验证。交叉验证时，任取其中的两组 query 组合起来进行实验，这样又得到了三组新的 query，且每组包含 100 个 query。第一组为：51～100、101～150 共 100 个 query；第二组为：51～100、151～200 共 100 个 query；第三组为：101～150、151～200 共 100 个 query。

检索性能对比采用了 MAP、*P*@10 和 *P*@20 三个性能指标。表 6.15、表 6.16、表 6.17 是 WSJ 上交叉验证的各组的检索结果对比，表 6.18、表 6.19、表 6.20 是 AP 上交叉验证的各组的检索结果对比。

其中，MAP_Imp 为模型相对 Simple_kl_dir 基线的 MAP 的提高率，*P*@10_Imp 为模型相对 Simple_kl_dir 基线的 *P*@10 的提高率，*P*@20_Imp 为模型相对 Simple_kl_dir 基线的 *P*@20 的提高率。表中粗体显示的百分比数字为相应性能提高的最大值。Pseudo_IND 代表伪相关文档反馈机制下需求域的检索结果。

对于实验结果，使用 t-test 检验[3]进行差异显著性分析。其中，*代表在 $p<0.05$ 下的显著性差异，+代表在 $p<0.01$ 下的显著性差异，基线为 Simple_kl_dir。

1. 在 WSJ 上的分析

表 6.15、表 6.16、表 6.17 分别为 WSJ 上交叉验证第一组 query、第二组 query、第三组 query 的检索结果对比。

表 6.15　WSJ 集上编号为 51～100、101～150 的 queries 的检索结果对比

	MAP	MAP_Imp	*P*@10	*P*@10_Imp	*P*@20	*P*@20_Imp
Simple_kl_dir	0.2360	–	0.4260	–	0.3800	–
Mixfb_kl_dir	0.2458*+	4.15%	0.4270	0.23%	0.3940*+	3.68%
Fb_tf_idf	0.2744*+	16.27%	0.4340	1.88%	0.4025*	5.92%
Fb_okapi	0.2470	4.66%	0.4010	−5.87%	0.3705	−2.50%
Pseudo_IND	0.2797*+	18.52%	0.4780*+	12.21%	0.4240*+	11.58%

表 6.16　WSJ 集上编号为 51～100、151～200 的 queries 的检索结果对比

	MAP	MAP_Imp	P@10	P@10_Imp	P@20	P@20_Imp
Simple_kl_dir	0.2849	–	0.4470	–	0.4100	–
Mixfb_kl_dir	0.2983*+	4.70%	0.4660*+	4.25%	0.4255*+	3.78%
Fb_tf_idf	0.3107	9.06%	0.4610	3.13%	0.4270	4.15%
Fb_okapi	0.2787	−2.18%	0.4140	−7.38%	0.3800	−7.32%
Pseudo_IND	0.3286*+	15.34%	0.4970*+	11.19%	0.4465*+	8.90%

表 6.17　WSJ 集上编号为 101～150、151～200 的 queries 的检索结果对比

	MAP	MAP_Imp	*P*@10	*P*@10_Imp	*P*@20	*P*@20_Imp
Simple_kl_dir	0.2746	–	0.4570	–	0.3980	–
Mixfb_kl_dir	0.2911*+	6.01%	0.4690*	2.63%	0.4155*+	4.40%
Fb_tf_idf	0.3176*+	15.66%	0.4700	2.84%	0.4365*+	9.67%
Fb_okapi	0.2707	-1.42%	0.3870	-15.32%	0.3735	-6.16%
Pseudo_IND	0.3253*+	18.46%	0.4990*+	9.19%	0.4495*+	12.94%

从 WSJ 的交叉验证结果中可以看到，在 MAP、*P*@10 和 *P*@20 三项指标上，Pseudo_IND 都取得了最大的提高值。t-test 检验显示，在 $p<0.05$ 和 $p<0.01$ 两个水平的统计检验中，三项指标都可以观察到，表明 Pseudo_IND 性能提高是具有统计意义的。

2. 在 AP 上的分析

对于 AP 测试集，表 6.18、表 6.19、表 6.20 分别列出了交叉验证第一组、第二组、第三组 query 的检索结果对比。

表 6.18　AP 集上编号为 51～100、101～150 的 queries 的检索结果对比

	MAP	MAP_Imp	*P*@10	*P*@10_Imp	*P*@20	*P*@20_Imp
Simple_kl_dir	0.2468	–	0.4080	–	0.3720	–
Mixfb_kl_dir	0.2659*+	7.74%	0.4180	2.45%	0.3850*	3.49%

（续表）

	MAP	MAP_Imp	*P*@10	*P*@10_Imp	*P*@20	*P*@20_Imp
Fb_tf_idf	0.3017*+	22.24%	0.4330*	6.13%	0.4140*+	11.29%
Fb_okapi	0.2245	−9.04%	0.3150	−22.79%	0.3075	−17.34%
Pseudo_IND	0.2952*+	19.61%	0.4230	3.68%	0.4130*+	11.02%

表 6.19　AP 集上编号为 51～100、151～200 的 queries 的检索结果对比

	MAP	MAP_Imp	*P*@10	*P*@10_Imp	*P*@20	*P*@20_Imp
Simple_kl_dir	0.2929	–	0.4820	–	0.4275	–
Mixfb_kl_dir	0.3181*+	8.60%	0.4900	1.66%	0.4485*+	4.91%
Fb_tf_idf	0.3458*+	18.06%	0.4890	1.45%	0.4540*	6.20%
Fb_okapi	0.2750	−6.11%	0.3820	−20.75%	0.3605	−15.67%
Pseudo_IND	0.3544*+	21.00%	0.5050*	4.77%	0.4750*+	11.11%

表 6.20　AP 集上编号为 101～150、151～200 的 queries 的检索结果对比

	MAP	MAP_Imp	*P*@10	*P*@10_Imp	*P*@20	*P*@20_Imp
Simple_kl_dir	0.2671	–	0.4460	–	0.4015	–
Mixfb_kl_dir	0.2939*+	10.03%	0.4600*	3.14%	0.4270*+	6.35%
Fb_tf_idf	0.3215*+	20.37%	0.4400	−1.35%	0.4180	4.11%
Fb_okapi	0.2443	−8.54%	0.3270	−26.68%	0.3160	−21.30%
Pseudo_IND	0.3458*+	29.46%	0.4780*	7.17%	0.4480*+	11.58%

在 AP 集上，在表 6.18 中，Pseudo_IND 取得了比在 Mixfb_kl_dir 和 Fb_okapi 上好的性能提高，但比 Fb_tf_idf 略差些。在表 6.19 和表 6.20 中，Pseudo_IND 在三项指标中都取得了最大的提高值。对 Pseudo_IND

的 t-test 检验显示，在 MAP 和 P@20 两项指标上的性能提高分别在两个检验水平 $p<0.05$ 和 $p<0.01$ 都具有统计意义，在 P@10 上具有检验水平 $p<0.05$ 的统计性能提高。

因此，综合 MAP、P@10 及 P@20 三个性能指标，从两个测试集上的实验结果中可以看到，伪相关文档反馈机制下的信息需求域模型的检索结果优于其他三种模型，检索性能有了显著的提高。

6.5　小结与讨论

本章系统分析了伪相关文档反馈机制下的信息需求域及其检索模型。在分析了伪相关文档反馈机制下需求域的特点后，进一步分析了上界去噪模型。本章设计了一系列实验，分别对去噪性能、去噪参数、相似度模型的参数、伪相关文档反馈的文档数目参数进行了模型训练和实验分析，得出了实验分析结果。实验分析显示，伪相关文档反馈机制下的需求域是语义稳定的，说明伪相关文档反馈下的信息检索模型是合理的、稳定的、具有好的数学分析性质。同时，交叉验证对比实验显示，伪相关文档反馈机制下的信息需求域模型的检索结果优于其他几种经典的检索模型（伪相关反馈语言模型 Mixfb_kl_dir、伪相关反馈 tf_idf 模型 Fb_tf_idf 及伪相关反馈概率模型 Fb_okapi），检索性能得到了提高。

参 考 文 献

[1] Lafferty John, Chengxiang Zhai. Document language models, query models, and risk minimization for information retrieval. Proc. SIGIR'01. ACM Press，2001 : 111-119.

[2] Zhai C. ，Lafferty J. Two-stage language models for information retrieval. proceedings of the 25th ACM SIGIR'02 conference, 2002 : 49-56.

[3] Mark D. Smucker, James Allan, Ben Carterette. A comparison of statistical significance tests for information retrieval evaluation. CIKM 2007 : 623-632.

[4] Christopher D. Manning, Prabhakar raghavan, Hinrich Schütze. Introduction to Information Retrieval. Cambridge University Press, 2009.

[5] Croft W B, Metzler D, Strohman T. Search engines: Information retrieval in practice. Reading: Addison-Wesley, 2010.

本章附录

Lemur 中的四个检索模型的参数默认设置如下。

（1）基本的语言模型（参数为 Simple_kl_dir，基线）。

```
<parameters>
<!--   Retrieval model selection    -->
<!--    0    TFIDF   1    Okapi   2    KL-divergence    -->
<retModel>2</retModel>
<!--   Basic retrieval parameters    -->
<!--   database index    -->
<index>Index</index>
<!--   query text stream    -->
```

```
<textQuery>query</textQuery>
<!--   result file   -->
<resultFile>res.simple_kl_dir</resultFile>
<!--   how many docs to return as the result   -->
<resultCount>1000</resultCount>
<!--   0   simple-format   1   TREC-format   -->
<resultFormat>1</resultFormat>
<!--   this is not needed by Okapi or TFIDF, but by SimpleKL   -->
<smoothSupportFile>kindex.supp</smoothSupportFile>
<!--   interpolation rather than backoff, 0 interpolate, 1 backoff   -->
<smoothStrategy>0</smoothStrategy>
<!--   Jelinek-Mercer   0   Bayesian/Dirichlet prior   1   Abs. Discount   2   -->
<smoothMethod>1</smoothMethod>
<!--   not used since smoothMethod is Dirichlet prior   -->
<discountDelta>0.5</discountDelta>
<!--   not used since smoothMethod is Dirichlet prior   -->
<JelinekMercerLambda>0.5</JelinekMercerLambda>
<DirichletPrior>2000</DirichletPrior>
<!--   Pseudo feedback parameters   -->
<!--   i.e., no pseudo feedback   -->
<feedbackDocCount>0</feedbackDocCount>
<!--   only relevant when feedbackDocCount >0   -->
<feedbackTermCount>20</feedbackTermCount>
</parameters>
```

（2）伪相关反馈语言模型（参数为 Mixfb_kl_dir）。

```
<parameters>
<!--   Retrieval model selection   -->
<!--   0   TFIDF   1   Okapi   2   KL-divergence   -->
<retModel>2</retModel>
<!--   Basic retrieval parameters   -->
```

```
<!--   database index   -->
<index>Index</index>
<!--   query text stream   -->
<textQuery>query</textQuery>
<!--   result file   -->
<resultFile>res.mixfb_kl_dir</resultFile>
<!--   how many docs to return as the result   -->
<resultCount>1000</resultCount>
<!--   0   simple-format   1   TREC-format   -->
<resultFormat>1</resultFormat>
<!--   this is not needed by Okapi or TFIDF, but by SimpleKL   -->
<smoothSupportFile>kindex.supp</smoothSupportFile>
<!--   interpolation rather than backoff, 0 interpolate, 1 backoff   -->
<smoothStrategy>0</smoothStrategy>
<!--   Jelinek-Mercer   0   Bayesian/Dirichlet prior   1   Abs. Discount   2   -->
<smoothMethod>1</smoothMethod>
<!--   not used since smoothMethod is Dirichlet prior   -->
<discountDelta>0.5</discountDelta>
<!--   not used since smoothMethod is Dirichlet prior   -->
<JelinekMercerLambda>0.5</JelinekMercerLambda>
<DirichletPrior>2000</DirichletPrior>
<!--   Pseudo feedback parameters   -->
<feedbackDocCount>5</feedbackDocCount>
<feedbackTermCount>20</feedbackTermCount>
<!--   0 mixture   1 div-min   2 markov chain?   -->
<queryUpdateMethod>0</queryUpdateMethod>
<feedbackCoefficient>0.5</feedbackCoefficient>
<feedbackProbThresh>0.001</feedbackProbThresh>
<feedbackProbSumThresh>1</feedbackProbSumThresh>
<feedbackMixtureNoise>0.5</feedbackMixtureNoise>
<emIterations>50</emIterations>
</parameters>
```

（3）伪相关反馈 tf_idf 模型（参数为 Fb_tf_idf）。

```
<parameters>
<!--  Retrieval model selection  -->
<!--  0  TFIDF  1  Okapi  2  KL-divergence  -->
<retModel>0</retModel>
<!--  Basic retrieval parameters  -->
<!--  database index  -->
<index>Index</index>
<!--  query text stream  -->
<textQuery>query</textQuery>
<!--  result file  -->
<resultFile>res.fb_tfidf</resultFile>
<!--  how many docs to return as the result  -->
<resultCount>1000</resultCount>
<!--  0  simple-format  1  TREC-format  -->
<resultFormat>1</resultFormat>
<!--  TFIDF weighting parameters  -->
<!--  0  RawTF  1  log-TF  2  BM25TF  -->
<doc.tfMethod>2</doc.tfMethod>
<doc.bm25K1>1</doc.bm25K1>
<doc.bm25B>0.3</doc.bm25B>
<!--  0  RawTF  1  log-TF  2  BM25TF  -->
<query.tfMethod>2</query.tfMethod>
<query.bm25K1>1000</query.bm25K1>
<query.bm25B>0</query.bm25B>
<!--  Pseudo feedback parameters  -->
<feedbackDocCount>5</feedbackDocCount>
<!--  only relevant when feedbackDocCount >0  -->
```

```
<feedbackTermCount>20</feedbackTermCount>
<!--  only relevant when feedbackDocCount >0  -->
<feedbackPosCoeff>0.5</feedbackPosCoeff>
</parameters>
```

（4）伪相关反馈概率模型（参数为 Fb_okapi）。

```
<parameters>
<!--  Retrieval model selection  -->
<!--  0  TFIDF  1  Okapi  2  KL-divergence  -->
<retModel>1</retModel>
<!--  Basic retrieval parameters  -->
<!--  database index  -->
<index>Index</index>
<!--  query text stream  -->
<textQuery>query</textQuery>
<!--  result file  -->
<resultFile>res.fb_okapi</resultFile>
<!--  how many docs to return as the result  -->
<resultCount>1000</resultCount>
<!--  0  simple-format  1  TREC-format  -->
<resultFormat>1</resultFormat>
<!--  weighting parameters  -->
<BM25K1>1.2</BM25K1>
<BM25B>0.75</BM25B>
<BM25K3>7</BM25K3>
<BM25QTF>0.5</BM25QTF>
<!--  Pseudo feedback parameters  -->
<feedbackDocCount>5</feedbackDocCount>
<!--  only relevant when feedbackDocCount >0  -->
<feedbackTermCount>20</feedbackTermCount>
</parameters>
```

第 7 章

用户相关文档反馈需求域模型信息检索

在讨论了伪相关文档反馈机制下的需求域模型信息检索的模型训练和有效性验证后，本章接着讨论用户相关文档反馈机制下的模型训练和有效性验证。

7.1　用户相关文档反馈机制

建立信息需求域（Information Need Domain, IND）的另一个方法是采用用户相关文档反馈机制。在这种机制下，用户从初始查询的结果中标注出若干篇相关文档，检索系统利用这些文档构建信息需求域，然后再进行信息检索。

在用户相关文档反馈机制下，需要实验验证的问题及解决方法有以下几个方面。

第一，用户到底需要反馈多少个相关文档比较合适？用户从初始检索结果中标注相关文档是耗时的，需要考虑在用户反馈尽可能少的文档的情况下，检索性能得到尽可能大的提高。

（1）当用户一篇文档也无法反馈时，原因可能是初始检索结果中没有任何相关文档，此时可采用伪相关文档反馈机制策略。

（2）当用户只反馈一篇相关文档时，此时所建立的下界、上界相同，$\mathrm{sim}(d,I)=\alpha \mathrm{Sim}_1(d,\underline{R})+(1-\alpha)\,\mathrm{Sim}_2(d,\overline{R})=\mathrm{Sim}_1(d,\underline{R})$，可以使用需求域模型的信息检索进行检索。

（3）是否反馈的相关文档越多，检索性能就越好呢？如果反馈的相关文档越多，检索性能越好，则表明所建立的需求域模型是不稳定的，检索性能完全取决于用户反馈的相关文档数，这说明所建立的需求模型是不理想的。反之，如果检索性能相对反馈文档数目是稳定的，则说明所建立的需求模型是稳定的、可靠的，需求域能够捕获用户的信息需求。

第二，检索性能是否关于参数 α 存在最佳取值？如果是，则表明模型具有较好的数学分析性质。反之，如果检索性能关于参数 α 不稳定，则表明模型的数学分析性质不好，模型不具有可优化的特性。

第三，上界包含较多的词项，是否可以按照类似于伪相关文档反馈机制下的上界去噪的方法，去掉一些不太重要、不影响检索性能的词项，以提高检索效率？

7.2 用户相关文档反馈机制下的模型分析

为了对比分析用户相关文档反馈机制和伪相关文档反馈机制下的检索性能，采用了相同的测试语料集，具体实验设计如下。

（1）实验语料集取自 TREC-1（disk1&2）语料集中的 WSJ、AP 测试集，见表 7.1。

表 7.1 实验所用语料集信息

Name	Description	#Docs	Queries
WSJ	Wall St. Journal 87-92	173252	51~100
AP	Assoc. Press 88-89	164597	51~100

（2）实验中，使用 Lemur 工具建立索引，使用停用词表 stoplist.dft 去掉停用词，使用 Porter 算法进行词干化。使用 Top1000 作为检索返回文档集。

7.2.1　用户相关文档反馈下的上界优化分析与实验

在用户相关文档反馈机制下，用户信息需求的上界 $\overline{R}(L)=(x\in V|x\in\cup \mathrm{term}_i, i=1,2,\cdots,n)\cup \mathrm{term}_q$，其中，$\mathrm{term}_i$ 为 L 中的文档 d_i 的词项集合。因此，上界中包含了较多的词项，就检索性能而言，这些词项的作用是不同的，把那些不太重要的、不影响检索性能的词项去掉，则可以在一定程度上提高检索效率，并提高检索速度。优化模型采用本书 6.2 节中的去噪模型。所建立的优化模型中，对每个词项，其重要性权重 $w_{t_i}=\mathrm{tf}_{t_i,L}+\mathrm{df}_{t_i,L}$。设定一个阈值 β，将权重 $w_{t_i}<\beta$ 的词项从上界中去掉。

这样做的好处之一是保持了需求域模型的两种机制（伪相关文档反馈机制与用户相关文档反馈机制）的一致性。

在 WSJ 和 AP 测试语料集中，对每一个 query 都给出了一组标注好的相关文档子集。实验使用的 query 为 51～100，对每一个 query，从对应的标注好的相关文档子集中随机取两个相关文档，用这两个文档构建信息需求域，进行需求域模型检索实验。具体实验时，还考虑了以下三点：（1）在不同的参数 α 水平下，上界优化后检索性能情况，参数 α 分别取 0，0.1，0.2，…，1 共 11 个水平指标；（2）优化参数 $\beta=0.01$；（3）反馈文档数目 $n=2$。

1. 在 WSJ 上的分析

表 7.2 和表 7.3 分别为 WSJ 上的上界不优化和优化后的检索结果的 MAP 值。对应的 MAP 在不同的参数 α 下的曲线图如图 7.1 所示。

表 7.2　WSJ 上的上界不优化时的 MAP 取值

α	0	0.1	0.2	0.3	0.4	0.5
MAP	0.1882	0.2176	0.2402	0.2571	0.2689	0.2761
α	0.6	0.7	0.8	0.9	1.0	
MAP	0.2795	0.2781	0.2762	0.2722	0.2664	

表 7.3　WSJ 上的上界优化后的 MAP 取值

α	0	0.1	0.2	0.3	0.4	0.5
MAP	0.2254	0.2377	0.2510	0.2636	0.2717	0.2764
α	0.6	0.7	0.8	0.9	1.0	
MAP	0.2779	0.2785	0.2767	0.2732	0.2664	

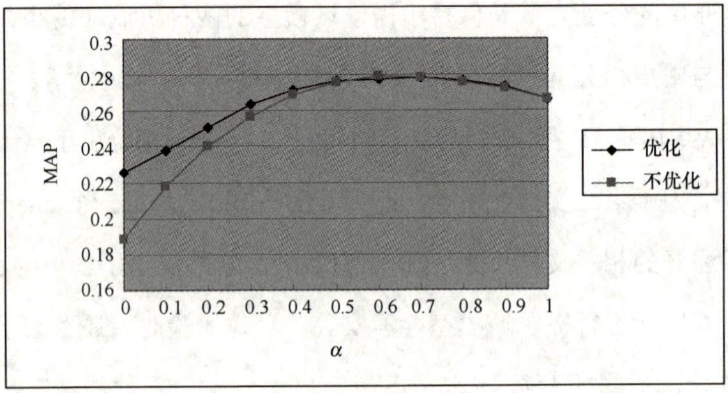

图 7.1　WSJ 上的上界不优化和优化后的 MAP 曲线图

表 7.2、表 7.3 及图 7.1 显示，在 WSJ 上，当上界优化后，检索性能不仅没有降低，反而有所提升。当 α=0 时，$\text{sim}(d,I)=\alpha\text{Sim}_1(d,\underline{R})+(1-\alpha)\text{Sim}_2(d,\overline{R})=\text{Sim}_2(d,\overline{R})$，即只用上界进行检索，此时，MAP 的提高率为 (0.2254−0.1882)÷0.1882=19.77%。提升的原因是，并不是上界中的每一个词项都对信息检索具有意义，这些词项去掉后可以提高检索性能。

2. 在 AP 上的分析

表 7.4 和表 7.5 分别为 AP 上的上界不优化和优化后的检索结果的 MAP 值。对应的 MAP 在不同的参数 α 下的曲线图如图 7.2 所示。

表 7.4 AP 上的上界不优化时的 MAP 取值

α	0	0.1	0.2	0.3	0.4	0.5
MAP	0.2907	0.3164	0.3331	0.3457	0.3516	0.3539
α	0.6	0.7	0.8	0.9	1.0	
MAP	0.3540	0.3521	0.3445	0.3362	0.3228	

表 7.5 AP 上的上界优化后的 MAP 取值

α	0	0.1	0.2	0.3	0.4	0.5
MAP	0.2986	0.3175	0.3335	0.3457	0.3531	0.3550
α	0.6	0.7	0.8	0.9	1.0	
MAP	0.3549	0.3520	0.3443	0.3363	0.3228	

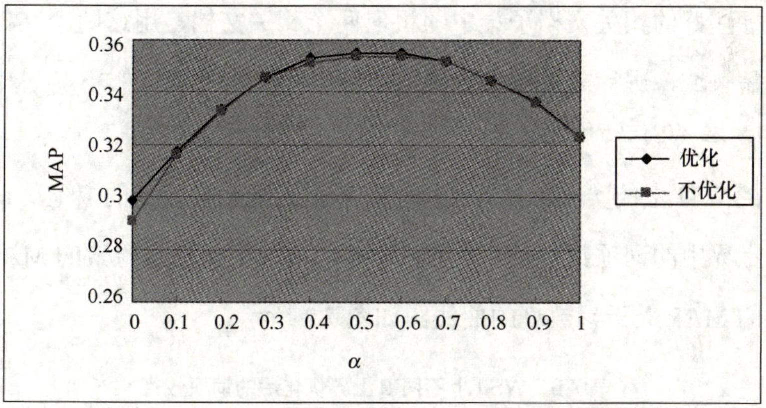

图 7.2 AP 上的上界不优化和优化后的 MAP 曲线图

表 7.4、表 7.5 及图 7.2 显示，在 AP 测试集上，上界优化后，检索

性能并没有受到影响并略有提高。当 α=0 时，MAP 的提高率为(0.2986−0.2907) ÷0.2907=2.72%。

因此，使用所建立的上界优化模型，可以去掉上界中的一些对于信息检索而言没有价值的词项，并可以使检索性能得到提高。

7.2.2 优化参数 β 的取值分析与实验

在验证了上界优化的有效性之后，优化模型中的参数 β 扮演了重要角色。实验需要进一步验证以下三点：（1）参数 β 的取值对上界中词项数目的影响；（2）参数 β 的取值对检索性能的影响；（3）检索性能是否存在关于参数 β 的最佳取值。

在 WSJ 和 AP 测试语料集中，对每一个 query，都给出了一组标注好的相关文档子集。实验使用的 query 为 51～100，对每一个 query，从对应的标注好的相关文档子集中随机取两个相关文档，用这两个文档构建信息需求域，进行需求域模型检索实验。

1. 在 WSJ 上的分析

在 WSJ 上的实验中，表 7.6 为在不同的优化参数 β 的取值下，优化后的上界中的词项数。表 7.7 为在 α=0 的情况下，信息检索的 MAP 值，对应的 MAP 关于参数 β 的曲线图如图 7.3 所示。

表 7.6 WSJ 上不同 β 上界优化后的词项数目

β	0	0.005	0.01	0.015	0.02	0.025	0.05	0.1
上界词项数目	28150	28150	5029	2279	1028	592	85	8

表 7.7　WSJ 上参数 β 的不同取值下的 MAP

β	0	0.005	0.01	0.015	0.02	0.025	0.05	0. 1
MAP	0.1882	0.1882	0.2254	0.2372	0.2204	0.1984	0.1073	0.1033

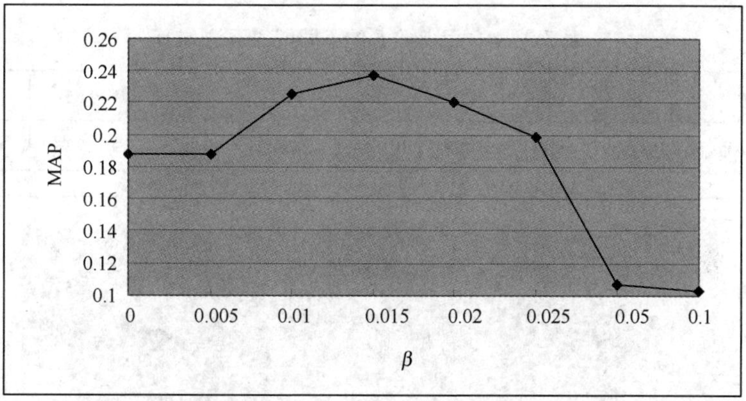

图 7.3　WSJ 集上 MAP 关于参数 β 的曲线图

在 WSJ 上，在对每个 query 取标注两个相关文档的情况下，实验显示，50 个 query 的 100 个文档的总长度为 80602，去掉停用词后为 44465，平均文档长度为 44465÷50÷2=444.7，总的词项数是 28150（没有重复的），其优化权重的值的范围为：0.005495～0.181148。

表 7.6 表明，对于 WSJ 测试集，上界优化可以有效地减少上界的词项数。而表 7.7 和图 7.3 显示，当 β=0.015 时，MAP 取得极大值。

2. 在 AP 上的分析

在 AP 上的实验中，表 7.8 为在不同的优化参数 β 的取值下，优化后的上界中的词项数。表 7.9 为在 α=0 的情况下，信息检索的 MAP 值。对应的 MAP 关于参数 β 的曲线图如图 7.4 所示。

表 7.8　AP 上不同 β 上界优化后的词项数目

β 值	0	0.005	0.01	0.015	0.02	0.025	0.05	0.1
词项数目	16562	16562	6356	2982	1355	720	107	9

表 7.9　AP 上参数 β 的不同取值下的 MAP

β	0	0.005	0.01	0.015	0.02	0.025	0.05	0.1
MAP	0.2907	0.2907	0.2986	0.2864	0.2739	0.2631	0.1226	0.0334

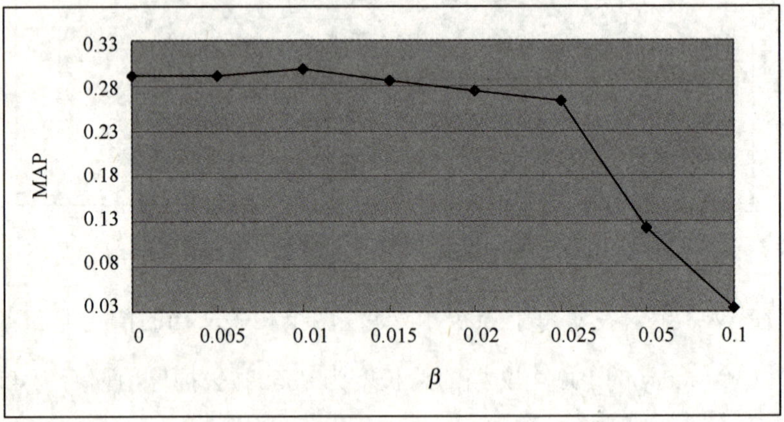

图 7.4　AP 集上 MAP 关于参数 β 的曲线图

在 AP 上，在对每个 query 取标注两个相关文档的情况下，实验显示， 49 个（因为在 AP 测试集中第 65 号 query 没有标注的相关文档，所以不作为实验使用）query 的文档总长度为 47444。去掉停用词后为 26393，去掉停用词后的平均文档长度为 26393÷49÷2=269.3，总的词项数是 16562（没有重复的），其权重的值范围为：0.006610～0.338333。

表 7.8 显示，对于 AP 集，上界优化可以有效地减少上界中的词项数。表 7.9 和图 7.4 则说明，当 β=0.01 时，MAP 达到极值点。

对于参数 β，实验显示 0.005≤β≤0.015 时，检索性能 MAP 可以取得极大值。对于这一结论，使用表 6.10 的实验设置进行了实验，结果表明，当 0.005≤β≤0.015 时，检索性能 MAP 可以取得极大值。据此，β 的建议值为 β=0.01.

7.2.3　参数 α 的取值分析与实验

相似度模型 $\text{sim}(d_k,I)=\alpha\text{Sim}_1(d_k,\ \underline{R})+(1-\alpha)\ \text{Sim}_2(d_k,\ \overline{R})$中，参数 α 的取值对检索结果有直接的影响。为此，需要通过实验分析验证以下两点：（1）参数 α 的取值对检索性能的影响；（2）检索性能是否存在关于参数 α 的最佳取值。

在 WSJ 和 AP 两个测试语料集中，实验使用的 query 为 51～100，对每一个 query，从对应的标注好的相关文档子集中随机取两个相关文档，用这两个文档构建信息需求域，进行需求域模型检索实验。实验设置为：（1）去噪参数 β=0.01；（2）反馈文档数目 n=2；（3）在不同的参数 α 水平下，检索性能情况。参数 α 分别取 0，0.1，0.2，…，1 共 11 个水平指标。

1．在 WSJ 上的分析

在 WSJ 上的实验中，表 7.10 显示了在不同的 α 取值下，信息检索的 MAP 的结果。对应的 MAP 关于 α 的曲线图如图 7.5 所示。

表 7.10　WSJ 集上 MAP 关于参数 α 的取值

α	0	0.1	0.2	0.3	0.4	0.5
MAP	0.2254	0.2377	0.2510	0.2636	0.2717	0.2764
α	0.6	0.7	0.8	0.9	1.0	
MAP	0.2779	0.2785	0.2767	0.2732	0.2664	

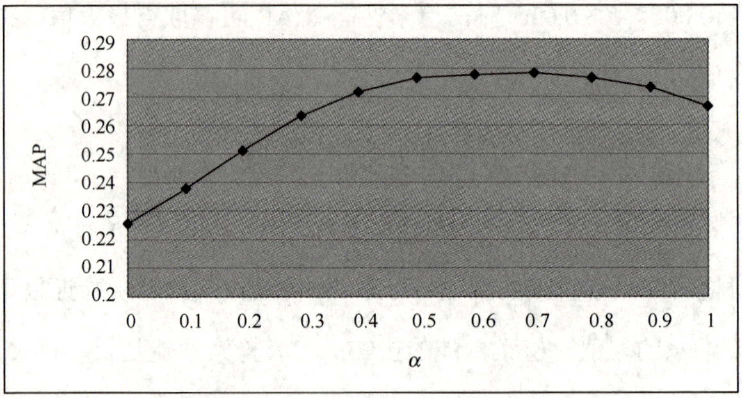

图 7.5　WSJ 集上 MAP 关于参数 α 的曲线图

测试集 WSJ 上的实验数据（表 7.10 和图 7.5）显示，MAP 关于 α 存在最佳取值，表明相似度模型具有好的数学分析性质，说明需求域模型是可优化的。当 α=0.7 时，检索性能达到最优。

注意到一个有趣的现象，MAP 关于参数 α 的曲线在伪相关文档反馈机制下和在用户相关文档反馈机制下呈现出某种对称的局面。例如，在伪相关文档反馈机制下 α 约为 0.3 时，MAP 到达极值；在用户相关文档反馈机制下，当 α 约为 0.7 时，MAP 到达其极值。

这种现象并非偶然，分析如下。

在用户相关文档反馈机制下，下界和上界都是由与用户需求相关的文档构建的，下界和上界内容都是用户的真实需求。但是两者的性质不同，因而地位不同。下界包含的是反映用户需求内涵的词项，而上界包含有反映用户需求外延的内容。用户内涵是需求的主体，外延是需求的扩展和延伸。因而，内涵为主要部分。反映到相似度上，下界占主体，α 约为 0.7 时，MAP 到达其极值。

而在伪相关文档反馈机制下，使用伪相关文档建立需求域的下界和上界。两者相比，上界比下界包含了更多的反映用户需求的词项。反映到相似度上，上界占主要地位，当 α 约为 0.3 时，MAP 取得了其极值。

2. 在 AP 上的分析

在 AP 的实验中，表 7.11 是不同参数 α 的取值下，MAP 的值。对应的检索性能指标 MAP 关于参数 α 的曲线图如图 7.6 所示。

表 7.11　AP 集上 MAP 关于参数 α 的取值

α	0	0.1	0.2	0.3	0.4	0.5
MAP	0.2986	0.3175	0.3335	0.3457	0.3531	0.3550
α	0.6	0.7	0.8	0.9	1.0	
MAP	0.3549	0.3520	0.3443	0.3363	0.3228	

从表 7.11 和图 7.6 中分析得到，在 AP 测试语料集上的实验同样反映出 MAP 关于 α 可以取得一个最佳值。当 α=0.5 时，检索性能达到最优。

对于参数 α，实验显示 0.5≤α≤0.7 时，检索性能 MAP 可以取得极值。对于这一结论，在表 6.10 所示的数据集上进行了进一步的验证，结果表明，当 0.5≤α≤0.7 时，检索性能 MAP 可以取得一个极值，说明模

型关于参数 α 是可以优化的。据此，α 的建议值为 α=0.7。这样的取法也体现了与伪相关文档反馈机制下的取法相对称的特点。

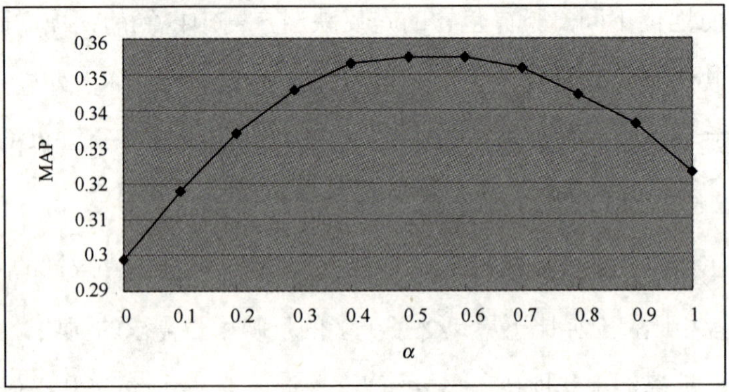

图 7.6　AP 集上 MAP 关于参数 α 的曲线图

7.2.4　相关反馈文档数目及稳定性的分析与实验

需求域模型中，用户相关文档反馈数目是重要的考虑因素。因此，需要分析以下内容。

（1）信息需求域在语义上关于用户反馈文档数目是否是稳定的。这一性质对于整个需求域模型具有非常重要的意义。因为用户查询请求 q 所包含的语义是一个有限的范围，而不是无限的。相应地，其建立的信息需求域所表达的需求语义也应该是稳定的。如果信息需求域关于反馈文档数目的语义是稳定的，则说明信息需求域所表达的语义不会随着反馈文档数目的增加而无限增加，是稳定的。

（2）文档数目 n 对检索性能的影响。检索性能不应该随着相关反馈文档数目的增加而剧烈变化。这一点与信息需求域关于反馈文档数目是稳定的性质是一致的。

在 WSJ 和 AP 测试语料集中，对每一个 query 都给出了一组标注好的相关文档子集。实验使用的 query 为 51～100，对每一个 query，从对应的标注好的相关文档子集中随机取 n 个相关文档，再用这 n 个文档构建信息需求域，进行需求域模型检索实验。

实验设置为：（1）取优化参数 β=0.01；（2）取 α=0.7；（3）在不同的反馈文档数目 n 下，考察检索性能。实验中，n 分别取 2,3,…,10 共 9 个值。

1. 在 WSJ 上的分析

表 7.12 是在 WSJ 上反馈文档数目 n 分别取值为 2,3,…,10 时，检索性能指标 MAP 的取值。对应的 MAP 关于反馈文档数目 n 的曲线图如图 7.7 所示。

表 7.12　WSJ 上 MAP 关于反馈文档数目 n 的取值

n	2	3	4	5	6	7	8	9	10
MAP	0.2785	0.3316	0.3381	0.3421	0.3383	0.3250	0.3236	0.3293	0.3248

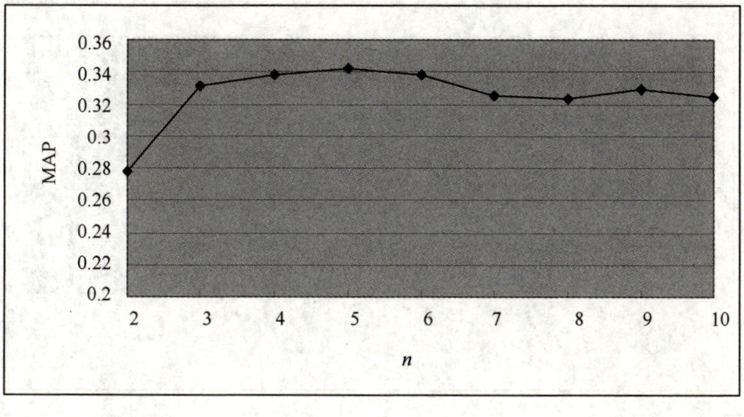

图 7.7　WSJ 集上 MAP 关于反馈文档数目 n 的曲线图

对 WSJ 上的实验数据表 7.12 和图 7.7 进行分析，可以得到以下结论：在适当的 n 的取值范围内，随着 n 的取值的不断增大，MAP 的取值表现出稳定的趋势。这反映出所建立的信息需求域在需求语义上是稳定的，具有好的语义概括能力。这是非常良好的性质，表明信息需求域不会因为用户反馈的相关文档数量的增多而出现漂移，甚至剧烈变化的现象，很好地捕获了需求语义。

2. 在 AP 上的分析

表 7.13 是在 AP 集上反馈文档数目 n 分别取值为 2,3,⋯,10 时，检索性能指标 MAP 的取值。对应的 MAP 关于反馈文档数目 n 的曲线图如图 7.8 所示。

表 7.13　AP 上 MAP 关于反馈文档数目 n 的取值

n	**2**	**3**	**4**	**5**	**6**	**7**	**8**	**9**	**10**
MAP	0.3520	0.3956	0.4015	0.4063	0.3994	0.3924	0.3816	0.3786	0.3768

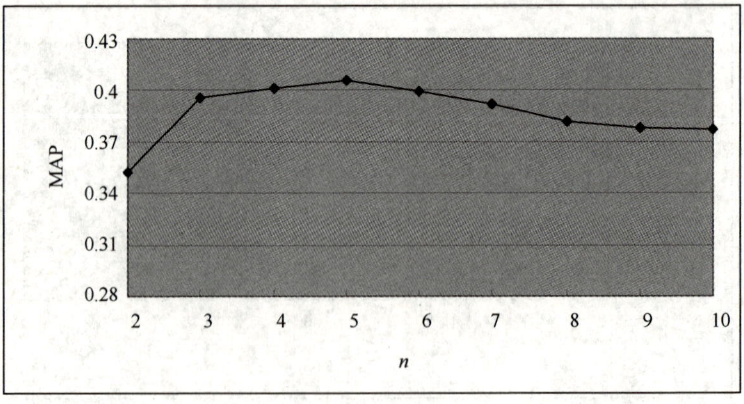

图 7.8　AP 集上 MAP 关于反馈文档数目 n 的曲线图

在 AP 上的实验图表数据显示，反馈文档数目对检索性能的影响结论与 WSJ 上的影响结论相同。

对于反馈文档数目 n，在一个适当的 n 的范围内，实验显示 $n \geqslant 3$ 时，检索性能 MAP 开始趋于稳定。对于这一结论，使用如表 6.10 所示的实验集进行了进一步的验证，实验结果与前面实验所得结论相同。

7.3　用户相关文档反馈机制下的需求域模型结论

回到需求域模型的出发点，所建立的信息需求域的目的是寻求建立表达信息需求的理论和方法。上述一系列用户相关文档反馈机制下的实验表明，所建立的模型能够捕获需求语义。实验结果进一步表明需求域模型信息检索在理论上是完备的，在实践中是可行的。

7.3.1　需求域模型结论

在用户相关文档反馈机制下，基于以上实验分析的基础上，概括总结得出需求域模型信息检索的以下几点结论。

（1）MAP 关于下界、上界权重参数 α 存在极值点。实验中的 MAP 关于 α 的曲线显示出检索性能随着 α 的变化而变化，并且这种变化是比较平滑的，没有出现上下抖动的现象，意味着模型针对参数 α 可以进行一定程度上的优化。

（2）MAP 关于上界优化参数 β 存在极值点。尽管使用了用户反馈的真相关反馈文档建立需求域，但是从信息检索的角度考虑，上界中的词项较多，且其中的一些词项对检索的贡献不大，去掉这些词后不仅可以提高检索速度，而且还可以提高检索性能。

（3）在适当的反馈文档数目范围内，MAP 关于文档数目参数 n 是稳定的，意味着信息需求域关于反馈文档数目是语义稳定的。这里，希望所建立的模型的检索性能不被反馈文档数目所完全决定，而是希望检索性能够更多地受到反馈文档中的需求信息的影响，需求域能够稳定地捕获需求信息。事实上，实验结果支持了这一期望。

用户相关文档反馈机制下的检索模型的这些性质反映了所建立的需求域模型信息检索是合理的。使用一种较为宽泛的对于信息需求的描述方法可能更适合表现用户的真实需求意图。

对于模型中使用到的参数，希望通过实验验证参数是可以优化的，并概括得出一些建议性的参数取值。本书利用基于用户相关文档反馈机制下的一系列实验，对参数取值的建议值进行总结和分析。设文档集为 D，用户的初始查询请求为 q，用户相关文档反馈机制下的检索模型及其参数总结如下。

（1）用户相关文档反馈文档子集为 L，$L=\{d_1,d_2,\cdots,d_n\}$，n 的建议值为 3。这个建议值主要是参考了实验结果，因为实验显示，当 $n\geqslant 3$ 时，检索性能开始逐步达到一个稳定值。

（2）若采用 $n=3$ 的建议值，文档子集 $L=\{d_1,d_2,d_3\}$，建立的信息需求域为 $I=(\underline{R}(L),\ \overline{R}(L))$,其中，

需求域的下界 $\underline{R}(L)=(x\in V|x\in\cap \mathrm{term}_i, i=1,2,3)\cup \mathrm{term}_q$；

需求域的上界 $\overline{R}(L)=(x\in \mathrm{V}|x\in\cup \mathrm{term}_i, i=1,2,3)\cup \mathrm{term}_q$。

其中，term_i 为文档 d_i 的词语集，i=1,2,3；term_q 为初始查询 q 的词项集。

（3）上界优化模型为：$w_{t_i}=\mathrm{tf}_{t_i,L}+\mathrm{df}_{t_i,L}$。设定一个阈值 β，将重要性 $w_{t_i}<\beta$ 的词项从上界中去掉。β 的建议值为 0.01。

（4）检索模型为：$\mathrm{sim}(d_k,I)=\alpha \mathrm{Sim}_1(d_k,\underline{R})+(1-\alpha)\ \mathrm{Sim}_2(d_k,\overline{R})$。其中，Sim1 和 Sim2 均为统计语言模型。参数 α 的建议值为 0.7。

（5）对于文档集 D 中的所有文档 d_k，按照其相似度由大到小排序。

7.3.2 检索性能对比实验分析

根据用户相关文档反馈机制和伪相关文档反馈机制的特点分析，用户相关文档反馈机制应该具有比伪相关文档反馈机制更好的检索性能，为了进一步证实这一点，进行了交叉验证实验。

在 WSJ、AP 测试集上利用三组 query，编号分别为 51～100、101～150 和 151～200，从其中任取两组构成新的测试用 query 组，进行用户相关文档反馈机制和伪相关文档反馈机制下的检索性能交叉验证实验。

用户相关文档反馈机制下的检索模型为本书 7.3.1 节中概括的模型，取 n=3，β=0.01，α=0.7。伪相关文档反馈机制下的检索模型为本书 6.4.1 节中概括的模型，取 n=11，β=0.01，α=0.3。

测试集 WSJ 的实验结果列在表 7.14、表 7.15 和表 7.16 中，AP 的实验结果列在表 7.17、表 7.18 和表 7.19 中。其中，MAP_Imp 为模型相对

Simple_kl_dir 基线的 MAP 的提高率，*P*@10_Imp 为模型相对 Simple_kl_dir 基线的 *P*@10 的提高率，*P*@20_Imp 为模型相对 Simple_kl_dir 基线的 *P*@20 的提高率。表中粗体显示的百分比数字为相应性能提高的最大值。

对于实验结果，使用 t-test 检验进行差异显著性分析。其中，*代表在 $p<0.05$ 下的显著性差异，+代表在 $p<0.01$ 下的显著性差异，基线为 Simple_kl_dir。

1. 在 WSJ 上的分析

在 WSJ 实验中，表 7.14 显示的是交叉验证的第一组 query 的检索性能对比，表 7.15 为第二组 query 的检索结果对比，表 7.16 为第三组 query 的检索结果对比。

表 7.14 WSJ 集上编号为 51～100、101～150 的 queries 的检索结果对比

	MAP	**MAP_Imp**	***P*@10**	***P*@10_Imp**	***P*@20**	***P*@20_Imp**
Simple_kl_dir	0.2360	–	0.4260	–	0.3800	–
伪相关文档反馈机制 IND	0.2797*+	18.52%	0.4780*+	12.21%	0.4240*+	11.58%
用户相关反馈 IND	0.3283*+	39.11%	0.5919*+	38.94%	0.5076*+	33.58%

表 7.15 WSJ 集上编号为 51～100、151～200 的 queries 的检索结果对比

	MAP	**MAP_Imp**	***P*@10**	***P*@10_Imp**	***P*@20**	***P*@20_Imp**
Simple_kl_dir	0.2849	–	0.4470	–	0.4100	–
伪相关文档反馈机制 IND	0.3286*+	15.34%	0.4970*+	11.19%	0.4465*+	8.90%
用户相关反馈 IND	0.3970*+	39.35%	0.6140*+	37.36%	0.5305*+	29.39%

表 7.16　WSJ 集上编号为 101～150、151～200 的 queries 的检索结果对比

	MAP	**MAP_Imp**	***P*@10**	***P*@10_Imp**	***P*@20**	***P*@20_Imp**
Simple_kl_dir	0.2746	–	0.4570	–	0.3980	–
伪相关文档反馈机制 IND	0.3253*+	18.46%	0.4990*+	9.19%	0.4495*+	12.94%
用户相关反馈 IND	0.3944*+	43.63%	0.6000*+	31.29%	0.5253*+	31.98%

测试集 WSJ 上的实验结果，从 MAP、*P*@10 及 *P*@20 三个性能指标考察，实验结果显示，用户相关文档反馈机制下的检索性能比伪相关文档反馈机制下的检索性能有较为显著的提高。同时，t-test 统计检验的两个检验水平 $p<0.05$ 和 $p<0.01$ 在三项指标中都表现出来，表明性能提高是具有统计意义的，这说明使用与用户真正相关的文档建立的需求域更能体现用户的真实信息需求，这一点与所建立的需求域模型的性质是一致的，表明需求域模型能够较好地捕获和表达用户需求。

2. *在 AP 上的分析*

在 AP 的实验中，表 7.17 中的数据是交叉验证第一组 query 的检索结果对比，表 7.18 是第二组 query 的检索结果对比，表 7.19 是第三组 query 的检索结果对比。

表 7.17　AP 集上编号为 51～100、101～150 的 queries 的检索结果对比

	MAP	**MAP_Imp**	***P*@10**	***P*@10_Imp**	***P*@20**	***P*@20_Imp**
Simple_kl_dir	0.2468	–	0.4080	–	0.3720	–
伪相关反馈机制 IND	0.2952*+	19.61%	0.4230	3.68%	0.4130*+	11.02%
用户相关反馈机制 IND	0.3892*+	57.70%	0.6071*+	48.80%	0.5328*+	43.23%

表 7.18 AP 集上编号为 51～100、151～200 的 queries 的检索结果对比

	MAP	MAP_Imp	*P*@10	*P*@10_Imp	*P*@20	*P*@20_Imp
Simple_kl_dir	0.2929	–	0.4820	–	0.4275	–
伪相关反馈机制 IND	0.3544*+	21.00%	0.5050*	4.77%	0.4750*+	11.11%
用户相关反馈机制 IND	0.4292*+	46.53%	0.6444*+	33.69%	0.5606*+	31.13%

表 7.19 P 集上编号为 101～150、151～200 的 queries 的检索结果对比

	MAP	MAP_Imp	*P*@10	*P*@10_Imp	*P*@20	*P*@20_Imp
Simple_kl_dir	0.2671	–	0.4460	–	0.4015	–
伪相关反馈机制 IND	0.3458*+	29.46%	0.4780*	7.17%	0.4480*+	11.58%
用户相关反馈机制 IND	0.4225*+	58.18%	0.6330*+	41.93%	0.5485*+	36.61%

在 AP 上的性能对比实验显示，用户相关文档反馈机制下的检索性能比伪相关文档反馈机制下的检索性能有较为显著的提高。

上述对比实验显示，尽管用户相关文档反馈机制只使用了三个反馈文档，比伪相关文档反馈机制使用的 11 个文档少了很多，但前者比后者的检索性能有了更为显著的提高。这是因为用户相关文档机制下反馈的文档代表的是用户的真实需求，所建立的需求域更好地捕获了需求语义，也更好地反映了用户的真实需求，因而使得据此建立的需求域模型具有更好的检索性能。与此相比，伪相关文档反馈机制下得到的反馈文档包含了很多不相关文档，因而得到的需求域不如用户相关文档反馈机制下的需求域好，检索性能也相对偏低。

7.4　需求域模型计算性能分析

在完成了需求域下的信息检索理论与方法论述后，进一步分析其计算性能。为此，首先给出检索的算法描述。

设文档集为 D，用户的初始查询请求为 q。需求域基础上的信息检索算法如图 7.9 所示。

需求域信息检索算法步骤如下。

（1）根据用户提出的查询请求 q，在文档集 D 中采用语言模型进行初始查询检索。

（2）从初始查询检索的结果中得到文档子集 $L=\{d_1,d_2,\cdots,d_k\}$（使用伪相关文档反馈机制或用户相关文档反馈机制）。

（3）求需求域的下界、上界。计算 $\underline{R}(L)=(x\in V|\ x\in\cap\text{term}_i,\ i=1,2,\cdots,k)\cup\text{term}_q$ 及 $\overline{R}(\text{L})=(x\in V|\ x\in\cup\text{term}_i,\ i=1,2,\cdots,k)\cup\text{term}_q$。

（4）上界去噪优化。计算 $w_{t_i}=\text{tf}_{t_i,L}+\text{df}_{t_i,L}$，将重要性 $w_{t_i}<\beta$ 的词项从上界中去掉。

（5）计算文档相似度：$\text{sim}(d_k,I)=\alpha\text{Sim}_1(d_k,\underline{R})+(1-\alpha)\,\text{Sim}_2(d_k,\overline{R})$。相似度为语言模型。

（6）输出检索结果。

（7）检索结束。

图 7.9　需求域基础上的信息检索算法

算法第 1 步为语言模型信息检索，算法复杂度与传统的语言模型复杂度一样。

算法第 2 步为从初始检索结果中选取 k 个文档，时间复杂度为 $O(1)$。

算法第 3 步为计算下界和上界，主要的计算是求集合的交集和并集，由于文档在建立索引时，词项是有序的，所以，交集与并集的时间复杂度为 $O(m)$，m 为文档的最大长度。

算法第 4 步为上界去噪优化，主要计算词项重要性 $w_{t_i} = \mathrm{tf}_{t_i,L} + \mathrm{df}_{t_i,L}$。上界中的词项数目最多为 $c \times m$ 个，c 为反馈文档数目（根据前面分析 $c \leqslant 11$），m 为文档的最大长度。因此，该步骤的时间复杂度为 $O(m)$。

算法第 5 步为计算文档相似度，是两个语言模型相似度的线性组合，算法时间复杂度与传统的语言模型复杂度一样。

算法第 6 步为输出检索结果，排序算法为 $O(1)$。

因此，与传统的语言模型相似度相比较，该算法所增加的时间为计算下界、上界及上界去噪优化，其算法时间复杂度为 $O(m)$，m 为文档长度。因此，整个时间开销没有实质性的变化。

7.5 小结与讨论

本章介绍并分析了用户相关文档反馈机制下的需求域及其检索模型。本章设计了一系列实验，分别对上界优化性能、优化参数、相似度参数、相关文档反馈的文档数目参数进行了模型训练和实验分析，得出了实验分析结果。实验分析显示，用户相关文档反馈机制下的需求域是语义稳定的，这说明用户相关文档反馈下的信息检索模型是合理的、稳定的、具有好的数学分析性质。同时，用户相关文档反馈机制下的信息需求域模型取得了比伪相关文档反馈机制下更为显著的检索性能提高。

全书参考文献

[1] R. Baeza-Yates，B. Ribeiro-Neto. Modern Information Retrieval: The Concepts and Technology behind Search，2011，2nd edition. Addison-Wesley.

[2] Liddy Elizabeth D. Automatic document retrieval. Encyclopedia of Language and Linguistics，2005，2nd edition. Elsevier.

[3] Mooers Calvin E. Coding，information retrieval，and the rapid selector. American Documentation，1950，1（4）: 225-229.

[4] Sanderson M，Croft W. B. The history of information retrieval research. Proceedings of the IEEE，2012，100（13）: 1444-1451.

[5] Gerhard Weikum，Gjergji Kasneci，Maya Ramanath，et al. Database and information-retrieval methods for knowledge discovery. Communications of the ACM - A Direct Path to Dependable Software，2009，52（4）:56-64.

[6] Hector Garcia-Molina，Jeffrey D. Ullman，Jennifer Widom. Database Systems: The Complete Book. 2008，Prentice Hall Press Upper Saddle River，NJ，USA.

[7] Chiaramella Y，Mulhem P，Fourel F. A model for multimedia information retrieval. Technical report，FERMI ESPRIT BRA 8134，University of Glasgow，Jul.1996.

[8] Fuhr Norbert，Kai Großjohann. XIRQL: An XML query language based on information retrieval concepts（TOIS），2004，22（2）:313-356.

[9] Lalmas M. XML retrieval（Synthesis Lectures on Information Concepts，Retrieval，and Services），2009，1（1）:1-111.

[10] Mass Yosi，Matan Mandelbrod，Einat Amitay，et al. Juru XML – An XML retrieval system at INEX'02，2002: 73-80.

[11] Jianwu Yang，Songlin Wang. Extended VSM for XML Document Classification Using Frequent Subtrees. Focused Retrieval and Evaluation Lecture Notes in Computer Science，2010，6203（2010）:441-448.

[12] Rongmei Li，Theo van der Weide. Language Models for XML Element Retrieval. Focused Retrieval and Evaluation Lecture Notes in Computer Science，2010，6203

（2010）:95-102.

[13] List Johan，Vojkan Mihajlovic，Georgina Ramírez，et al. TIJAH: Embracing IR methods in XML databases. IR，2005，8（4）:547-570.

[14] Ogilvie Paul，Jamie Callan. Parameter estimation for a simple hierarchical generative model for XML retrieval. Proceedings of INEX，2005: 211-224.

[15] Fatma Zohra Bessai–Mechmache，Zaia Alimazighi. Possibilistic model for aggregated search in XML documents. International Journal of Intelligent Information and Database Systems，2012，6（4）: 381-404.

[16] S Pohl，A Moffat，J Zobel. Efficient Extended Boolean Retrieval. Knowledge and Data Engineering，IEEE Transactions on，2012，24（6）:1014-1024.

[17] P. G. Anick， J. D. Brennan， R. A. Flynn，et al. A direct manipulation interface for Boolean information retrieval via natural language query. Proceedings of the 13th annual international ACM SIGIR'89 conference on Research and development in information retrieval，1989: 135-150.

[18] A.G. López-Herrera， E. Herrera-Viedma， F. Herrera. Applying multi-objective evolutionary algorithms to the automatic learning of extended Boolean queries in fuzzy ordinal linguistic information retrieval systems. Fuzzy Sets and Systems，2009，160（15）:2192–2205.

[19] PManolis Koubarakis，PSpiros Skiadopoulos，Christos Tryfonopoulos. Logic and Computational Complexity for Boolean Information Retrieval. IEEE Transactions on Knowledge and Data Engineering，2006，18（12）: 1659-1666.

[20] Salton G.，Lesk. M. E. Computer evaluation of indexing and text processing. Journal of the ACM，1968，15（1）: 8-36.

[21] Salton G. ，Lesk，M. E. Computer evaluation of indexing and text processing. Gerard Salton，eds.，The SMART Retrieval System: Experiments in Automatic Document Processing，Englewood Cliffs，New Jersey: Prentice Hall，Ing，1971: 143-180.

[22] Zobel Justin，Alistair Moffat. Inverted files for text search engines. ACM Computing Surveys，2006，38（2）:1-56.

[23] Luhn Hans Peter. A statistical approach to mechanized encoding and searching of literary information. IBM Journal of Research and Development，1957，1（4）:309-317.

[24] S. Robertson. Understanding inverse document frequency: on theoretical arguments for

IDF. Journal of Documentation 2004，60（5）:503-520.

[25] Spärck Jones，Karen. A statistical interpretation of term specificity and its application in retrieval. Journal of Documentation，1972，28（1）:11-21.

[26] George Tsatsaronis，Vicky Panagiotopoulou. A Generalized Vector Space Model for Text Retrieval Based on Semantic Relatedness. Proceedings of the EACL 2009 Student Research Workshop，2009: 70–78.

[27] Peter D. Turney，Patrick Pantel. From Frequency to Meaning:Vector Space Models of Semantics. Journal of Artificial Intelligence Research，2010，37（1）: 141-188.

[28] Claire Fautsch，Jacques Savoy. Adapting the tf-idf vector-space model to domain specific information retrieval. Proceedings of the 2010 ACM Symposium on Applied Computing，2010: 1708-1712.

[29] 格罗斯曼，弗里德. 信息检索：算法与启发式方法. 北京：人民邮电出版社，2010.

[30] Papineni Kishore. Why inverse document frequency? Proceedings of North American Chapter of the Association for Computational Linguistics，2001:1-8.

[31] Xiaoying Tai， Minoru Sasaki，Yasuhito Tanaka，et al. Improvement of vector space information retrieval model based on supervised learning. Proceedings of the fifthinternational workshop on Information retrieval with Asian languages 2000，Hong Kong，China，2000: 69-74.

[32] Stephen E. Robertson，Karen Sparck Jones. Relevance weighting of search terms. Journal of the American Society for Information Science. 1976，27（3）:129-146.

[33] Maron M. E.，J. L. Kuhns. On relevance，probabilistic indexing and information retrieval. JACM，1960，7（3）:216-244.

[34] Robertson S. E.，van Rijsbergen C. J.，et al. Probabilistic models of indexing and searching. Proceedings of the 3rd annual ACM conference on Research and development in information retrieval. Butterworth，London，1980: 35-56.

[35] Robertson S. E.，Walker S. Some simple effective approximations to the 2-poisson model for probabilistic weighted retrieval. Proceedings of the 17th Annual International ACM SIGIR’94 Conference on Research and Development in Information Retrieval，1994: 232-241.

[36] Robertson S. E.，S. Walker，et al. Gatford. Okapi at TREC-3. Proceedings of the Third Text REtrieval Conference （TREC-3） NIST Special Publication 500-225，1995: 109-126.

[37] Robertson S. E. ，Walker S. Okapi. Keenbow at TREC-8. Proceedings of the 8th Text REtrieval Conference，Gaithersburg，Maryland，NIST Special Publication，1999: 151-161.

[38] N. Fuhr. Probabilistic Models in Information Retrieval，Computer Journal，1992，35（3）: 243-255.

[39] Jinyoung Kim，Xiaobing Xue ，W. Bruce Croft. A Probabilistic Retrieval Model for Semistructured Data. Advances in Information Retrieval Lecture Notes in Computer Science，2009，5478（2009）:228-239.

[40] Ponte J. M.，Croft W. B. A language modeling approach to information retrieval. Proceedings of the 21th Annual International ACM SIGIR Conference on Research and Development in Information Retrieval，1998 : 275-281.

[41] Berger Adam，and John Lafferty. Information retrieval as statistical translation. Proceeding of SIGIR'99，1999: 222-229.

[42] Miller David R. H.，Tim Leek，et al. Schwartz. A hidden Markov model information retrieval system. Proceedings of SIGIR'99，1999 : 214-221.

[43] Croft W. Bruce，John Lafferty. Language Modeling for Information Retrieval. 2003，Springer.

[44] Zhai Chengxiang，John Lafferty. A study of smoothing methods for language models applied to ad hoc information retrieval. Proceedings of SIGIR'01，2001: 334-342.

[45] Hiemstra Djoerd，Wessel Kraaij. A language-modeling approach to TREC. Voorhees and Harman （2005），2005: 373-395.

[46] Cao Guihong，Jian-Yun Nie，Jing Bai. Integrating word relationships into language models. SIGIR'05，2005: 298-305.

[47] Yanyan Lan，Tie-Yan Liu，Zhiming Ma，et al. Generalization analysis of listwise learning-to-rank algorithms. Proceedings of the 26th Annual International Conference on Machine Learning，2009 : 577-584.

[48] Burges C. J. C.，Shaked T.，Renshaw E. ，et al. Learning to Rank using Gradient Descent. Proceedings of the 22nd International Conference on Machine Learning，2005 : 89-96.

[49] G. Cao，J. Nie，L. Si，et al. Learning to rank documents for ad-hoc retrieval with regularized models. SIGIR 2007 Workshop on Learning to Rank for Information Retrieval，2007.

[50] Gao J.，Qi H.，Xia X.，et al. Linear Discriminant Model for Information Retrieval. Proceedings of the 28th Annual International ACM SIGIR'05 Conference on Research and Development in Information Retrieval，Sheffield，Salvador，Brazil，2005: 290-297.

[51] Olivier Chapelle，Yi Chang，Tie-Yan Liu. Future directions in learning to rank. JMLR: Workshop and Conference Proceedings 14，2011: 91-100.

[52] Cooper W. S.，Gey F. C.，and Dabney D. P. Probabilistic Retrieval Based on Staged Logistic Regression. Proceedings of the 15th Annual International ACM SIGIR Conference on Research and Development in Information Retrieval，Copenhagen，Denmark，1992 : 198-210.

[53] Fredric C. Gey. Inferring probability of relevance using the method of logistic regression. Proceedings of 17th Annual International ACM SIGIR Conference on Research and Development in Information Retrieval. Dublin，Ireland，1994: 222-231.

[54] Nallapati R. Discriminative Models for Information Retrieval. Proceedings of the 27th Annual International ACM SIGIR'04 Conference on Research and Development in Information Retrieval，Sheffield，United Kingdom，2004: 64-71.

[55] Burges C. J. C.，Shaked T.，Renshaw E.，et al. Learning to Rank using Gradient Descent. Proceedings of the 22nd International Conference on Machine Learning，Bonn，Germany，2005: 89-96.

[56] Herbrich R.，Graepel T.，Obermayer K. Large Margin Rank Boundaries for Ordinal Regression. Smola，Advances in Large Margin Classifiers. MIT Press，Cambridge，MA，2000. MIT Press，2000 : 115-132.

[57] Joachims T. Optimizing Search Engines Using Click-through Data. Proceedings of the 8th ACM SIGKDD International Conference on Knowledge Discovery and Data Mining. New York，NY，USA，2002 : 133-142.

[58] http://svmlight.joachims.org/.

[59] 马晖男，吴江宁，潘东华. 一种基于同义词词典的模糊查询扩展方法. 大连理工大学学报，2007，47（3）:439-443.

[60] 张敏，宋睿华，马少平. 基于语义关系查询扩展的文档重构方法.计算机学报，2004，27（10）:1395-1401.

[61] J. Xu ，W.B. Croft. Query Expansion Using Local and Global Document Analysis. Proceedings of the Nineteenth Annual International ACM SIGIR'96 Conference on

Research and Development in Information Retrieval，1996 : 4-11.
[62] 刘耕，方勇，刘嘉勇. 基于关联词和扩展规则的敏感词库设计. 四川大学学报（自然科学版），2009，（3）:667-671.
[63] Mostafa Keikha，Jangwon Seo，W. Bruce Croft，et al. Predicting document effectiveness in pseudo relevance feedback. Proceedings of the 20th ACM international conference on Information and knowledge management，2011 : 2061-2064.
[64] J. J. Rocchio，Relevance feedback in information retrieval. The SMART Retrieval System，1971 : 313-323.
[65] Yuanhua Lv，ChengXiang Zhai，Wan Chen. A boosting approach to improving pseudo-relevance feedback. Proceedings of the 34th international ACM SIGIR conference onResearch and development in Information Retrieval，2011 : 165-174.
[66] H.C.Wu，R.W.P.Luk，K.F.Wong，J.Y.Nie. A split-list approach for relevancefeedback in information retrieval. Information Processing & Management，2012，48（5）:969–977.
[67] Kalervo Jarvelin. Interactive relevance feedback with graded relevance and sentence extraction: simulated user experiments. Proceeding of the 18th ACM conference on Information and knowledge management，2009 : 2053-2056.
[68] X. Shen，C. Zhai，Active feedback in Ad-Hoc information retrieval. Proceedings of the 28th Annual International ACM SIGIR'05 Conference，2005 : 59- 66.
[69] Guihong Cao，Jian-Yun Nie，Jianfeng Gao，et al. Selecting good expansion terms for pseudo-relevance feedback. Proceedings of the 31th Annual International ACM SIGIR'08 Conference，2008 : 243-250.
[70] Yuanhua Lv，ChengXiang Zhai. Positional relevance model for pseudo-relevance feedback. Proceedings of the 33th Annual International ACM SIGIR'10 Conference，2010 : 579-586.
[71] Ramesh Nallapati，Bruce Croft，James Allan. Relevant Query Feedback in Statistical Language Modeling. Proceeding of the 12th ACM conference on Information and knowledge management，2003 : 560-563.
[72] Ben He，Iadh Ounis. Finding Good Feedback Documents，Proceedings of the 18th ACM conference on Information and knowledge management，2009 : 2011-2014.
[73] V. Lavrenko，W. B. Croft. Relevance-based language models. Proceedings of the ACM SIGIR 2001 : 120-127.

[74] 曹冬林，林达真. 文本检索模型综述. 心智与计算，2007，4（1）:426-432.

[75] 高炜，张超，梁立. 信息检索排序算法研究综述. 信息技术，2009，（6）:1-4.

[76] 常鹏，冯楠，马辉. 一种基于词共现的文档聚类方法. 计算机工程，2012，38（2）:213-214，220.

[77] 王德福.论叶尔姆斯列夫语符学的四个理论模型. 锦州师范学院学报（哲学社会科学版），2003，25（5）:55-59.

[78] 赵元任 著. 李芸,王强军 译. 语言的意义及其获取. 语言文字应用,2001,(4):59-69.

[79] Allan Keith. Linguistic Meaning. London: Routledge & Kegan Paul，1986.

[80] Lyons，J. Linguistic Semantics: an Introduction. Cambridge: Cambridge University Press，1995.

[81] 熊文新. 信息检索 Query 语言分析. 北京：北京语言大学，2006.

[82] Pawlak Z. Rough sets. International Journal of Computer Information Science，1982，11（5）: 341-356.

[83] Pawlak Z. Rough sets and fuzzy sets. Fuzzy Sets and Systems，1985，17（1）:99-102.

[84] 王国胤，姚一豫，于洪.粗糙集理论与应用研究综述.计算机学报，2009，32（7）:1229-1246.

[85] Wang Biao，Gao Guanglai. Upper Nearness Degree and Lower Nearness Degree of Fuzzy-Rough Set. International Symposium on Knowledge Acquisition and Modeling，2008 : 54-58.

[86] 王彪，高光来. 一种粗糙集与模糊集的互补性理论与模型. 计算机科学，2009，（11A）：124-126，133.

[87] 张文修. 粗糙集理论与方法. 北京：科学出版社，2001，4-8.

[88] Christopher D.Manning，Hinrich schütze. Foundations of Statistical Natural Language Processing. MIT Press. Cambridge，MA，1999.

[89] Markov Andrei A. An example of statistical investigation in the text of Eugene Onyegin illustrating coupling of tests in chains. Proceedings of the Academy of Sciences，St. Petersburg，1913，7 （6）:153-162.

[90] Zipf G.K. Human Behavior and the Principle of Least Effort. Addison Wesley Press，1949.

[91] C. E. Shannon. Prediction and entropy of printed English. Bell System Technical Journal，1951，（30）:50-64.

[92] Christopher D. Manning，Prabhakar raghavan，Hinrich Schütze. Introduction to Information Retrieval. Cambridge University Press，2009.

[93] Frederick Jelinek，Robert L.Mercer.Interpolated estimation of Markov source parameters from sparse data. Proceedings of the Workshop on Pattern Recognition in Practice，Amsterdam，The Netherlands: North-Holland，May，1980.

[94] MacKay David J.C.，Linda C.Peto. A hierarchical Dirichlet language model. Natural Language Engineering，1995，1（3）:1-19.

[95] Zobel Justin，Alistair Moffat. Inverted files for text search engines. ACM Computing Surveys，2006，38（2）:1-56.

[96] http://www.lemurproject.org.

[97] Porter Martin F. An algorithm for suffix stripping. Program，1980，14（3）:130-137.

[98] Voorhees Ellen M.，Donna Harman. TREC: Experiment and Evaluation in Information Retrieval. MIT Press，2005.

[99] http://trec.nist.gov.

[100] PEllen M. Voorhees，PDonna Harman. The text retrieval conferences（TRECS）. Annual meeting of the ACL，1998 : 241- 273.

[101] Kent Allen，Madeline M. Berry，Fred U. Luehrs，et al. Machine literature searching VIII. Operational criteria for designing information retrieval systems. American Documentation，1955，6（2）:93-101.

[102] van Rijsbergen，Cornelis Joost. Information Retrieval，2nd edition. Butterworths，1979.

[103] Lafferty，John，Chengxiang Zhai. Document language models，query models，and risk minimization for information retrieval. Processdings of SIGIR'01，2001 : 111-119.

[104] Zhai C. ，Lafferty J. Two-stage language models for information retrieval. Proceedings of the 25th ACM SIGIR'02 conference，2002 : 49-56.

[105] Mark D. Smucker，James Allan，Ben Carterette. A comparison of statistical significance tests for information retrieval evaluation. CIKM 2007 : 623-632.

[106] A. Nenkova ，K. McKeown. Automatic summarization. Foundations and Trends in Information Retrieval，2011，5（2-3）:103-233.

[107] 秦兵，刘挺，李生. 多文档自动文摘综述. 中文信息学报，2005，19（6）:13-20.

[108] 龚书，瞿有利，田盛丰. 基于语义的自动文摘研究综述. 北京交通大学学报，2009，33（5）:126-131.

[109] Croft W B，Metzler D，Strohman T. Search engines: Information retrieval in practice. Addison-Wesley，2010.

[110] 王元卓，贾岩涛，刘大伟等. 基于开放网络知识的信息检索与数据挖掘. 计算机研究与发展，2015，52（2）:456-474.

[111] 洪俊. 基于 Deep Learning 的领域概念抽取方法研究. 上海：华东师范大学，2014.

[112] Mihalcea R，Wiebe J. SimCompass: Using Deep Learning Word Embeddings to Assess Cross-level Similarity. SemEval 2014，2014: 560-565.

[113] Huang Z，Weng C，Li K，et al. Deep learning vector quantization for acoustic information retrieval//Acoustics，Speech and Signal Processing （ICASSP），2014 IEEE International Conference on. IEEE，2014: 1350-1354.

[114] Qi Y，Das S G，Collobert R，et al. Deep Learning for Character-Based Information Extraction//Advances in Information Retrieval. Springer International Publishing，2014: 668-674.

[115] Wang L，Peng D，Jiang P. Improving the Performance of Precise Query Processing on Large-scale Nested Data with UniHash Index. International Journal of Database Theory and Application，2015，8（1）: 111-128.

[116] 李求实，王秋月，王珊. XML 关键词检索的查询理解. 软件学报，2012，23（8）:2002-2017.

[117] 邹琼. 信息检索中的查询扩展技术综述. 计算机光盘软件与应用，2014，17（8）:98-98.

[118] 于莉. 信息检索中查询请求处理技术的比较. 信息系统工程，2010，（9）:17-18.

[119] Goeuriot L，Kelly L，Leveling J. An analysis of query difficulty for information retrieval in the medical domain//Proceedings of the 37th international ACM SIGIR conference on Research & development in information retrieval. ACM，2014: 1007-1010.

[120] Saini B，Singh V，Kumar S. Information Retrieval Models and Searching Methodologies: Survey. Information Retrieval，2014，1（2）: 57-62.

[121] Sloan M，Yang H，Wang J. A term-based methodology for query reformulation understanding. Information Retrieval Journal，2015，18（2）: 145-165.

[122] Li H，Xu J. Foundations and Trends® in Information Retrieval. Foundations and Trends® in Information Retrieval，2014，7（5）: 343-469.

[123] 李国杰，程学旗. 大数据研究/未来科技及经济社会发展的重大战略领域——大数据

的研究现状与科学思考. 中国科学院院刊，2012，27（6）: 647-657.
[124] 康海燕. 面向大数据的个性化检索中用户匿名化方法. 西安电子科技大学学报（自然科学版），2014，41: 169-175.
[125] 李宏言，范利春，高鹏等. 大数据语音语料库的社会标注技术研究与实现//第十二届全国人机语音通讯学术会议 （NCMMSC'2013） 论文集. 2013.
[126] 王晓艳，李慧颖. 大数据环境下信息检索的变革. 科技情报开发与经济，2015，4: 117-119.
[127] 孟小峰，慈祥. 大数据管理: 概念，技术与挑战. 计算机研究与发展，2013，50（1）: 146-169.
[128] Manyika J，Chui M，Brown B，et al. Big data: The next frontier for innovation，competition，and productivity. 2011.
[129] Lohr S. The age of big data. New York Times，2012，11.
[130] Gudivada V N，Baeza-Yates R，Raghavan V V. Big Data: Promises and Problems. Computer，2015 （3）: 20-23.
[131] 张俊林. 基于语言模型的信息检索系统研究. 北京：中国科学院软件研究所，2004.
[132] 李晓光，王大玲，于戈. 基于统计语言模型的信息检索. 计算机科学，2005，32（8）:124-127.
[133] 苏绥，林原，林鸿飞. 语言模型在信息检索中的应用. 情报学报，2011，30（7）:704-713.
[134] 丁国栋. 基于统计语言建模的信息检索及相关研究. 北京：中国科学院研究生院（计算技术研究所），2006.
[135] 刘兴宇. 基于倒排索引的全文检索技术研究. 武汉：华中科技大学，2004.
[136] 梁云娟，张丽君. 倒排索引技术在信息检索中的应用. 计算机光盘软件与应用，2011，（22）:14-14.
[137] 邓珞华. 信息检索系统数学模型的理论及其评价——谨以此文献给信息检索的先驱杰拉尔德·索顿先生. 大学图书馆学报，2002，20（1）:6-13.
[138] Voorhees E，Harman D K （ K ），Technology U S N I O S A. TREC : experiment and evaluation in information retrieval. Clientrd Com，2005:45-39.
[139] Robertson S. Evaluation in Information Retrieval. Lecture Notes in Computer Science，2001:81-92.
[140] Saracevic T. Evaluation of evaluation in information retrieval. Proceedings of Annual

International Acm Sigir Conference on Research & Development in Information Retrieval. 1995.

[141] Sanderson M，Zobel J. Information retrieval system evaluation: Effort，sensitivity，and reliability. Proceedings of Acm Sigir Conference on Information Retrieval. 2005:162-169.

[142] Pickens J，Cooper M，Golovchinsky G. Reverted indexing for feedback and expansion. Proceedings of the 19th ACM international conference on Information and knowledge management. ACM，2010: 1049-1058.